Bürgermeister Sternecker und seine Zeit

Eine Epoche im Dunkeln

Weitere Veröffentlichungen des Vereins

Brauchtumspflege Dinkelsbühl e. V:

Chronik 75 Jahre Zunftreigen
ISBN 978-3-8330-0772-9

Die Kinderzeche
ISBN 978-3-8334-2580-6

Vom alten Kornhaus zum Zeughaus der
Kinderzeche
ISBN 978-3-8334-9053-8

Bürgermeister Sternecker und seine Zeit

Hofrat Sternecker
rechtsk.
Bürgermeister

Eine Epoche im Dunkeln

von
Maximilian Mattausch

Brauchtumspflege Dinkelsbühl
2008

Dieses Buch, einschließlich aller Abbildungen, ist urheberrechtlich geschützt. Ohne schriftliche Zustimmung des Herausgebers ist die Vervielfältigung jeglicher Art nicht gestattet und damit strafbar (§ 106 UrhG).

Februar 2009
2. Auflage
Herausgeber : Brauchtumspflege – Dinkelsbühl e. V.
Herstellung und Verlag: Books on Demand GmbH, Norderstedt
Printed in Germany
ISBN 9783837030211

Inhaltsverzeichnis

Vorwort

Herr Maximilian Mattausch hat in der Einleitung zu seiner bemerkenswerten Arbeit über den Dinkelsbühler 1. Bürgermeister Ludwig Sternecker, der von 1882 bis 1913 die Geschicke der alten Reichsstadt lenkte, darauf hingewiesen, dass heute – 100 Jahre später – kaum jemand weiß, wer dieser bedeutende Kommunalpolitiker war und was er in seiner langen Amtszeit, der längsten eines Dinkelsbühler Stadtoberhaupts in den letzten 200 Jahren überhaupt, alles bewirkte.

Umso verdienstvoller ist also dieser historische Rückblick auf eine Epoche, in der gewissermaßen der Anschluss einer kleinen Provinzstadt im Königreich Bayern an das 20. Jahrhundert vollzogen wurde, in der z.B. der Schulstandort Dinkelsbühl ausgebaut oder die Wasser- und Stromversorgung der Stadt gesichert werden konnten, um nur einige der vielen Errungenschaften der Ära Sternecker zu nennen, auf die in dieser fundierten und durchaus auch kritischen Abhandlung näher eingegangen wird.

Was den zusätzlichen besonderen Reiz dieser Arbeit ausmacht, ist der zuweilen humorvolle und vor allem bei der Darstellung des Endes der Ära Sternecker zu beobachtende ironische Stil des Autors; Humor und Ironie machen auch einen an sich eher nüchternen Inhalt ausgesprochen lesenswert.

In diesem Sinn wünsche ich dem Autor nicht nur, dass „sein Werk den Meister lobt", sondern dass es auch zahlreiche Leser findet.

Franz Kelch

Vorbemerkung

Diese Facharbeit soll eine möglichst genaue und natürlich auch möglichst gut recherchierte Arbeit werden, die in ihrem Kern die Aufgabe hat, ein wenig Licht ins Dunkel einer Zeit zu bringen, die, wie sich im weiteren Verlauf dieser Arbeit herausstellen wird, eine weitreichende Rolle bei der Entwicklung unserer Heimatstadt gespielt hat. Hierbei möchte ich allerdings darauf hinweisen, dass es sich hier um ein Werk handelt, das keinerlei wissenschaftlichen Anspruch erhebt und deswegen als Referenzquelle mit Vorsicht zu behandeln ist. Die Arbeit wäre aber trotzdem nicht ohne die Unterstützung einiger Helfer möglich gewesen, denen nun an dieser Stelle ein herzliches Dankeschön gesagt werden soll. Es handelt sich hierbei zunächst einmal um meinen sehr geschätzten Leistungskursleiter, Herrn StD. Franz Kelch, unter dessen Obhut dieses „Projekt" steht. Natürlich muss man zwangsläufig, wenn man ein solches Thema wie das meinige bearbeitet, auf Unterlagen zurückgreifen, die nicht einfach im konventionellen Buchhandel erhältlich sind. Somit empfand ich es als sehr hilfreich, dass mir die Mannschaft vom Stadtarchiv in Dinkelsbühl in großem Maße geholfen hat; zu nennen sind hier an erster Stelle Herr Stadtarchivar Gerfried

Arnold, zusammen mit Herrn Stadtarchivar a.D. Herrmann Meyer und Frau Isgart Erhard. Und nun zu den Menschen aus meinem privaten Umfeld, die mir geholfen haben und dies auch immer noch tun. Ohne sie wäre auch mit Hilfe der bereits oben genannten Personen keine Arbeit möglich gewesen. Ich denke, dass jeder weiß, dass ich damit auf meine Eltern Hans-Peter und Andrea Mattausch anspiele. Herzlich bedanken möchte ich mich bei meiner Großmutter, Frau Eva-Maria Mattausch, die mir äußerst hilfreich zur Seite stand, was die Entschlüsselung von Dokumenten und Korrespondenzen in Sütterlin, nicht nur aufgrund der Sprache an sich, sondern vor allem aufgrund von manchmal fast unleserlichen Handschriften, betraf. Zum Schluss geht noch ein großer Dank an Frau Dr. Michaela Breil, die mir im Endeffekt bei all dem geholfen hat, was auch die bereits erwähnten Menschen getan haben und bei allem, was darüber hinausging.

1. Einleitung

Der Grund, warum ich das Thema
„Bürgermeister Sternecker und seine Zeit – eine
Epoche im Dunkeln" gewählt habe, liegt, wie das
oft so ist, im Alltag. Als ich an einem mehr oder
weniger schönen Tag im Herbst 2006 mit
meinem Vater durch Dinkelsbühl fuhr, um einige
Erledigungen zu tätigen, kamen wir
zufälligerweise durch die Sterneckerstraße.
Normalerweise, da ich mich doch als ortskundig
bezeichnen würde, schaue ich nicht auf die
Straßennamen; es ist ja auch nicht so interessant,
da man meistens weiß, wo man sich befindet.
Wie es aber der oben genannte Zufall wollte, tat
ich an jenem Tag eben genau dies, und nachdem
es in der Benennung der Dinkelsbühler Straßen
ein gewisses System gibt und Sternecker,
zumindest nach meinem damaligen
Wissensstand, keine Blume, Tier, Partnerstadt
oder eben „bedeutende" Persönlichkeit war,
fragte ich meinen Vater, ob er denn wisse, wer
dieser ominöse Herr Sternecker sei. Nach einer
kleinen Denkpause erwiderte er:„ Hmm..... keine
Ahnung, aber ich glaube, das war einmal ein
Bürgermeister, der so um 1900 herum in
Dinkelsbühl regiert haben müsste. Schau' doch
einfach mal im Archiv nach!"[2]. Gesagt, getan,
und somit begann ich mit den Recherchen über
Herrn Hofrat Ludwig Sternecker. Was ich schon

im Laufe einiger weniger Nachforschungen herausfand, faszinierte mich so sehr, dass ich, als es dann an die Themenvergabe für die Facharbeit ging, eben diesen Herrn Sternecker als den Kern meiner Arbeit vorschlug. Herr Kelch fand das Thema spannend und begrüßte meine Wahl sehr. Als ich gleich darauf anfing, mich näher und intensiver mit meinem ursprünglichen Thema über Ludwig Sternecker und die Gründung des Historischen Vereins Alt-Dinkelsbühl zu beschäftigen, bemerkte ich ziemlich bald, dass trotz zahlreicher Recherchen - sowohl im Stadtarchiv als auch in den Unterlagen des Historischen Vereins - nicht genügend Material zusammengetragen werden konnte, um dieses Thema weiter zu verfolgen; dies wurde natürlich auch dadurch gebremst, dass es hierzu keinerlei Sekundärliteratur gibt und ich so nur auf vorhandene, unmittelbar historische Quellen zurückgreifen konnte. Das machte meine Arbeit nicht unbedingt leichter. Deshalb entschloss ich mich, das Thema zwar zu behalten, aber das Hauptaugenmerk weg vom Historischen Verein hin zur baugeschichtlichen Bedeutung der Periode Sternecker zu lenken. Zu diesem Thema waren zwar genügend Unterlagen im Archiv vorhanden, doch gab es hier und da auch glücklicherweise noch ein paar vorausgegangene Veröffentlichungen, die ich verwenden konnte, um über diesen Bürgermeister eine Facharbeit zu schreiben, der mit seinen knapp 31 Jahren

Amtszeit wohl einer der Bürgermeister war, die am längsten im Amt waren, und vor allem, was noch wichtiger ist, unter dem sich ein Wandel in Dinkelsbühl vollzogen hat, der in seiner Art und Weise fast einzigartig sein dürfte.
Und für diese Arbeit nahm ich den Kampf mit dem Sütterlin auf. All die oben erwähnten Schwierigkeiten und Stolpersteine legen schlussendlich die Gründe dafür dar, warum mein genaues Thema lautet:
„Bürgermeister Sternecker und seine Zeit - Eine Epoche im Dunkeln".

2. Bürgermeister Sternecker und seine Zeit - Eine Epoche im Dunkeln

2.1 Bürgermeister Sternecker und sein Wirken in Dinkelsbühl

Doch wer war dieser Ludwig Sternecker eigentlich? Im Folgenden möchte ich auf der einen Seite die Person Ludwig Sterneckers, das heißt seine Biographie, etwas beleuchten, auf der anderen Seite seine Tätigkeit als Bürgermeister und den damit verbundenen Fortschritt, der mit Sternecker in Dinkelsbühl einzieht.
Doch, wie gesagt, alles der Reihe nach.
Ludwig Sternecker wurde am 24. August 1852 in Eltersdorf bei Erlangen als Sohn des Pfarrers zu

Neukirch geboren. 1879, also im Alter von 27 Jahren, machte er sein Juraexamen mit einem guten Notenschnitt. Fortan arbeitete er als Rechtsconcipient. Nachdem am 4. Dezember des Jahres 1881 der bisherige Bürgermeister der Stadt Dinkelsbühl, Michael Schoberth, gestorben war, wies die Kammer des Inneren der königlichen Regierung von Mittelfranken laut Artikel 172 Abs.2 der Gemeindeordnung vom 29. April 1869 am 16. Dezember 1881 die Neubesetzung der Stelle mit einem Juristen an, der als Anfangsgehalt 3.600 Mark jährlich kassieren und der freie Logis im Rathaus haben sollte. Am 28. desselben Monats folgte dann die Anweisung zur öffentlichen Ausschreibung der Stelle in der *Augsburger Abendzeitung*, der *Fränkischen Zeitung* und im *Korrespondenten von und für Deutschland*, der damals in Nürnberg seinen Sitz hatte. Die Bewerber sollten sich innerhalb von vier Wochen schriftlich mit Lebensläufen und erforderlichen Zeugnissen beim Stadtmagistrat melden.

Die Annoncen wurden im Zeitraum vom 3. bis 10. Januar 1882 in den oben genannten Blättern veröffentlicht. Und so bewarb sich Ludwig Sternecker am 29. Januar um den Posten des Bürgermeisters der Stadt Dinkelsbühl. Insgesamt meldeten sich bis zum Ablauf der Frist sieben Kandidaten, deren Bewerbungen nur mehr oder weniger Ernst genommen werden konnten, da erforderliche Zeugnisse nicht eingereicht wurden oder die Lebensläufe eher zweifelhaften Charakter hatten.

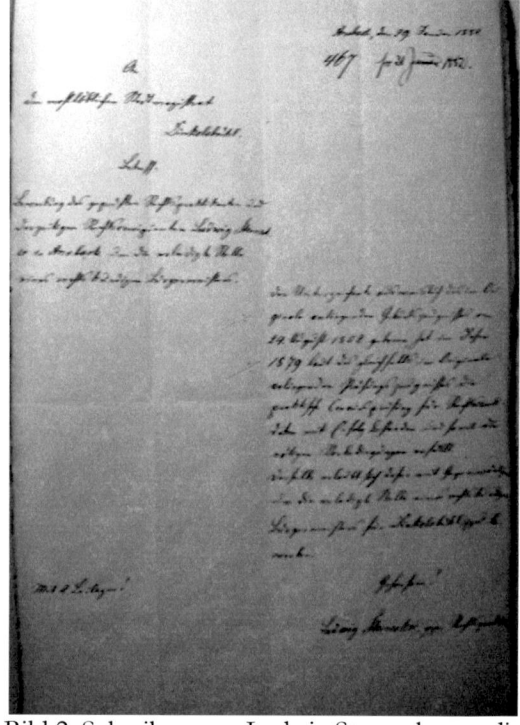

Bild 2: Schreiben von Ludwig Sternecker an die Stadt Dinkelsbühl 1882

Am 6. Februar 1882 bestätigte die Kammer des Inneren der königlichen Regierung von Mittelfranken dann den Eingang der

Bewerbungen und es wurde ein Wahlkommissär benannt, der über den Ablauf der Wahlen wachen sollte. Die Wahl wurde auf den 18. Februar terminiert und dann auch durchgeführt, und so konnte am Abend desselben Tages die Wahl Ludwig Sterneckers zum „rechtskundigen Bürgermeister der Stadt Dinkelsbühl“[3] der mit absoluter Mehrheit gewählt worden war, verkündet werden.

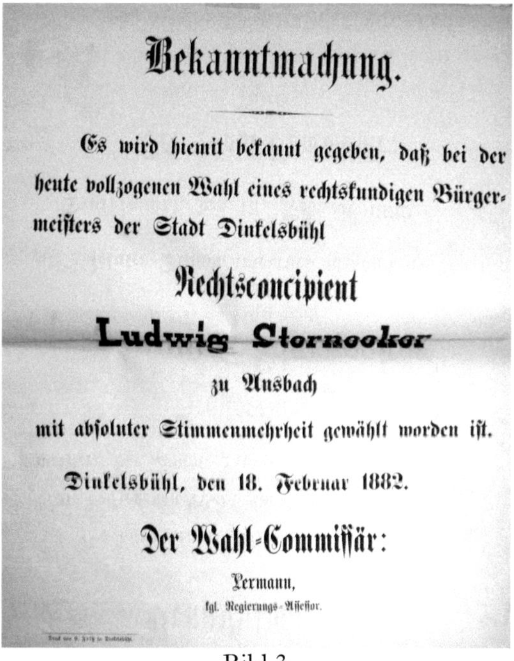

Bekanntmachung.

Es wird hiemit bekannt gegeben, daß bei der heute vollzogenen Wahl eines rechtskundigen Bürgermeisters der Stadt Dinkelsbühl

Rechtsconcipient

Ludwig Sternecker

zu Ansbach

mit absoluter Stimmenmehrheit gewählt worden ist.

Dinkelsbühl, den 18. Februar 1882.

Der Wahl-Commissär:

Lermann,
kgl. Regierungs-Assessor.

Bild 3

Hier ist es nun wichtig zu sagen, dass die Bürgermeister damals nicht, wie es heute der Fall ist, vom Volk gewählt wurden, sondern vom Kollegium der Gemeindebevollmächtigten. Jetzt musste er nur noch „installiert" werden, um dann dem normalen Tagesgeschäft nachgehen zu können. Deswegen wurde der Wahlkommissär der Regierung von Mittelfranken Lerman am 14. März angewiesen, diesen Installationsakt durchzuführen, nachdem bereits am 10. März die Bestätigung Sterneckers als provisorischer Bürgermeister aus dem Staatsministerium des Inneren in München gekommen war. Der Festakt wurde auf den 30. März terminiert und so wurde Ludwig Sternecker zum 1. April 1882 schließlich offiziell provisorischer rechtskundiger Bürgermeister der Stadt Dinkelsbühl. Nun stellt sich natürlich die Frage, warum der Bürgermeister in seiner Funktion provisorisch war. Nach der neuen bayerischen Gemeindeordnung vom 24. April 1869 waren die Städte in ihrer Entscheidungsfreiheit weiter gestärkt worden, und zwar der Magistrat als Entscheidungsgremium und die Versammlung der Gemeindebevollmächtigten als Beratergremium. Somit musste jeder Bürgermeister und städtische Beamte eine dreijährige Provisoriumsphase überstehen. Das Ende des Provisoriums wurde dann im Jahre 1885, und zwar am 21. Februar, besiegelt, als mit einer „Stimmeneinhelligkeit"[4] die Wiederwahl verkündet werden konnte. Im Jahre 1888 heiratete Ludwig Sternecker seine Frau Emma, die der Stadt in den Jahren des Krieges als „Vorstandsdame des Roten Kreuzes und als Leiterin des Kriegslazaretts"[5] zu Diensten war. Bis zu seiner Pensionierung im Jahre 1913, auf die ich später noch etwas genauer eingehen werde, schaffte er es übrigens auf ein beachtliches Gehalt von 6.800 Mark jährlich, was aber nach dem Tod Ludwig Sterneckers am 2. Februar 1914 zu einem länger währenden Streit über die Berechnung der Ruhestandsbezüge zwischen den Stadtkollegien und seiner Witwe Emma Sternecker führte, auf den ich aber hier nicht weiter eingehen möchte, da dies unendlich kompliziert war und zu falschen Anschuldigungen und Verleumdungen führen könnte und außerdem nicht zielführend wäre. Die Gründe, die zur „Zwangspensionierung" führten und gleichzeitig auch das Vermächtnis Sterneckers darstellen, möchte ich zum Schluss beschreiben.

Bild 4: Max Neeser

Dies geht aber nicht, ohne einen weiteren Mitstreiter Sterneckers zu nennen. Max Neeser ist der Name des Mannes, der sich im Laufe seines Lebens, sowohl in seiner aktiven Zeit als Stadtbaumeister als auch in der Zeit nach der Pensionierung um Dinkelsbühl verdient gemacht hat und den man, meiner Meinung nach, zu Recht als kongenialen Partner Ludwig Sterneckers bezeichnen kann.
Ich hoffe, dass ich dies im weiteren Verlauf meiner Arbeit herausarbeiten kann. Doch zuerst möchte ich einen, hoffentlich passenden, Vergleich bringen, um die Beziehung der beiden Männer zu beschreiben. Für mein Dafürhalten waren die beiden ein Duo wie Batman und Robin, das heißt, einer, der vorangeht und ein anderer, der mitzieht, aber nicht so sehr in der Öffentlichkeit und, was vielleicht noch wichtiger

ist, in der Verantwortung steht. Deswegen werde ich nun einen kleinen Abriss der Biographie Max Neesers machen. Max Neeser wurde am 26. Januar 1857 in München geboren. Er besuchte die königliche Gewerbeschule, die er nach der 3. Klasse mit dem „Maturitätszeugnis" abschloss. Danach siedelte er nach Nürnberg über, wo er in die bautechnische Abteilung der königlichen Industrieschule ging und dort auch seinen Abschluss machte. Durch seine Ausmusterung blieb ihm der Dienst an der Waffe versagt und so übte er mehrere Tätigkeiten, unter anderem bei der königlichen Regierung von Mittelfranken, aus. Zum 1. Februar 1888 wurde er Bezirksbaumeister für die Distrikte Dinkelsbühl und Wassertrüdingen. Doch aufgrund besserer Wirkungsmöglichkeiten entschied er sich dann dafür, sich in Dinkelsbühl auf den Posten des Stadtbaumeisters zu bewerben. Am 28. August desselben Jahres wurde er provisorisch mit einem Anfangsgehalt von 2.000 Mark jährlich eingestellt.

2.2 Übersicht über die vom Duo Sternecker/Neeser veranlassten Maßnahmen

Hier werde ich nun eine möglichst detaillierte Übersicht über Bauten der oben genannten Herren geben, die Dinkelsbühl damit sozusagen ins 20. Jahrhundert beförderten, aber letztlich auch zu ihrer Absetzung führten. Im Folgenden werde ich thematisch vorgehen, wobei die einzelnen Teile in sich chronologisch sind. Um sich einen ersten Überblick zu verschaffen, muss vorausgeschickt werden, dass Dinkelsbühl damals landwirtschaftlich geprägt war und den Status einer ländlichen Kleinstadt hatte. Im Jahre 1890 hatte die Stadt eine Bevölkerung von 4.496 Menschen hatte, von denen 2.113 männlichen und 2.383 weiblichen Geschlechts waren. Diese verteilten sich auf 1.177 Häuser im Stadtgebiet, welche auf 3.796.120 Mark gegen Brandschaden versichert waren.

2.2.1 Der Stadtpark

Der Stadtpark wurde 1883 auf Vorschlag des rechtskundigen Bürgermeisters Sternecker eingerichtet. Er befand sich zwischen dem Stadtbaumeisterhaus, Kapuzinerweg 5 (gegenüber dem Kloster) und dem Rothenburger Tor. Möglich wurde das Ganze, weil die Stadt im selben Jahr den sogenannten Kapuzinerzwinger von der Familie Worsching geerbt hatte. Der Weg, der das ganze Gebiet umschloss, wurde „Neue Promenade" genannt, um eine Unterscheidung zur „Alten Promenade" zu ermöglichen. Ebenfalls wurde ein Pavillon für sonntägliche Konzerte der Stadtkapelle aufgestellt

und in Richtung Armenhaus wurde eine Laube
für Privatiers und Veteranen des Krieges von
1870/71 eingerichtet, die später eine weitere
Laube für Frauen in ihrer Nachbarschaft bekam,
da sich einige Damen beschwert hatten. Eine
andere Neuerung stellte die Aufschüttung eines
Erdhügels zwischen der Stadtmauer und der
Neuen Promenade dar, auf dem ebenfalls
Sitzgelegenheiten eingerichtet wurden. Um den
Park allen Bürgern besser zugänglich zu machen,
wurde eine Treppe gebaut, die den Park mit dem
Kapuzinerweg verband. Nachdem es in einem
Park auch immer Leute gibt, die sich intensiv
bewegen, gab es am Faulturm eine kleine
Wassergrotte für Trinkwasser. Da Sicherheit
damals wie heute sehr wichtig war, wurde ein
Wärter beschäftigt, der den Park am Abend nach
Einbruch der Dunkelheit schloss und am
nächsten Morgen wieder öffnete. Dieser war
auch für die Sauberkeit des Parks verantwortlich
und führte außerdem „einen ständigen Kampf
gegen die Jugend[, wenn diese], „
Räuber und Schandi spielte"[6]. Bis 1913 war dann
der heutige Zustand des Stadtparks erreicht, da
die Stadt 1910 das „fehlende" Gelände bis zum
Segringer Tor von Privatier Johannes Herrle
gekauft hatte und 1913 die kleine Lichtung mit
dem Kriegerdenkmal eingeweiht wurde. Auch
heute noch erfreuen sich die Bürger unserer Stadt
am Spazierengehen, Joggen oder anderen

Aktivitäten, die im Stadtpark unternommen werden können.

Bild 5: Stadtpark mit Dinkelbauer

2.2.2. Schulstandort Dinkelsbühl

Bild 6: ehemaliges Progymnasium in der Nördlingerstrasse

In diesem Kapitel möchte ich zunächst einen kurzen Überblick über die Geschichte der Dinkelsbühler Latein- und Realschule geben. Die erste Erwähnung eines Schulmeisters in Dinkelsbühl datiert um 1400. Die Unterscheidung der zwei Schultypen, der Elementar- und der Lateinschule, gibt es seit Beginn des 16. Jahrhunderts. Nach der Reformation begannen Kämpfe um die Errichtung einer evangelischen Lateinschule, die neben der 1546 gegründeten katholischen bestehen sollte. Endgültig möglich machte dies aber erst die im Westfälischen Frieden von 1648 festgeschriebene konfessionelle Parität. Diesen Zustand gab es dann fast unverändert bis zum Reichsdeputationshauptschluss von 1802/3 und der damit verbundenen Auflösung des reichstädtischen Status. Nachdem Dinkelsbühl 1806 endgültig bayerisch geworden war, gab es zwar immer noch beide Schulen, doch hatten diese mit Fehlbesetzungen, der Überalterung des Lehrkörpers und einem gewissen Desinteresse der Bevölkerung zu kämpfen. Eine Neuordnung der Verhältnisse von Seiten der Regierung war wenig erfolgreich, da diese durch die „lokalen und konfessionellen Besonderheiten"[7] der Stadt erschwert wurde. Im Jahre 1815 wurden beide Schulen zur paritätischen Studierschule zusammengelegt. Ab 1829 gab es Bestrebungen, die zwei Klassen umfassende Lateinschule von einer rein geisteswissenschaftlichen Schule hin zu einer auch im späteren Geschäftsleben hilfreichen Schule zu entwickeln. So wurden in Dinkelsbühl drei Klassen geplant, von denen eine diesem Zweck dienen sollte.

Sie kam aufgrund von Lehrermangel aber nicht zustande. An dieser Situation änderte sich bis 1874 nichts. 1857 gab es den Versuch, eine Realschulklasse zu etablieren; dieser Versuch musste aber bereits 1860 wieder aufgegeben werden, da es keinerlei Interesse von Seiten der Bevölkerung gab. Seit der Gründung des Deutschen Reiches im Jahre 1871 hatte die Lateinschule außerdem noch mit Bürger- und Gewerbeschulen zu kämpfen, und so wurde 1874 durch Einführung einer 5. Klasse der Schritt zum Progymnasium gemacht. Der endgültige Status des Progymnasiums wurde 1894 erreicht, als eine 6. Klasse eingeführt wurde, was bedeutete, dass die Absolventen entweder in ein 7-klassiges humanistisches Gymnasium überwechseln konnten oder nur ein Jahr in der Armee zu dienen hatten.

Wie bereits erwähnt, gab es 1857 den Versuch, eine Realschulklasse zu etablieren, um den Schülern, die kein Studium absolvieren wollten, aber die ersten beiden Klassen der Lateinschule besucht hatten, eine andere Möglichkeit zu bieten. Wie ebenfalls bereits erwähnt, scheiterte dieser Versuch 1860, doch gab es weiterhin eine Bürgerschule, die sich zusammen mit der

Lateinschule im alten Rathaus befand und die 1866 sogar um eine Klasse erweitert wurde. Nachdem sich 1869 eine Gewerbeschule gegründet hatte, folgte 1870 ein Zusammenschluss der Bürger-, Gewerbe- und der gewerblichen Fortbildungsschule, was ab 1877 in eine 6-klassige Realschule mündete. Leider hatten die niedrigen Schülerzahlen zur Folge, dass der Landrat seine Fördermittel 1881 zurückzog und man somit auf vier Klassen verkleinern musste, weil man den Differenzbetrag nicht bezahlen wollte. Steigende Schülerzahlen ab dem Jahr 1883 und die Zusicherung der Regierung, 80% der Lehrerkosten zu übernehmen, führten 1897/98 zu einer erneuten Erweiterung auf sechs Klassen.[8]

Demzufolge befanden sich 1898 zwei 6-klassige Schulen in den Zimmern des alten Rathauses, was natürlich definitiv zu viel war. Und so beschlossen die Stadtgremien in ihren Sitzungen vom 11. und 24. Juni 1899 für das Progymnasium den Neubau eines Gebäudes in der Nördlinger Straße 22, was dessen endgültigen Bestand sicherte. Die Kosten beliefen sich auf 88.000 Mark, wovon 12.876 Mark auf den Grunderwerb und 6.600 Mark auf die Einrichtung einer modernen Niederdruck-dampfheizung fielen. Ebenfalls wurde in den gleichen Sitzungen der Bau einer Turnhalle in der Manggasse für 29.627 Mark beschlossen, welche aber erst im Jahr 1900 gebaut wurde. Die Einweihung des Progymnasiums erfolgte am 12. Februar 1900.Ein weiterer Beschluss der Stadtkollegien, der maßgeblich zum Erhalt und Ausbau des Schulstandortes Dinkelsbühl beitrug, war die Errichtung eines Schülerpensionats in der Turmgasse, das in den Gebäuden Nr. 486-488 eingerichtet wurde.

Das Gebäude wurde 1896 ursprünglich für 80.000 Mark als Geschäftsgebäude gebaut und 1903 von der Stadt für 26.000 Mark erworben. Wegen der hohen Frequentierung musste das Schülerwohnheim durch den Erwerb der Anwesen Nonnenmacher und Peschke im Jahre 1905 für 50.000 Mark, von denen 35.000 Mark die Sparkasse bezahlte, erweitert werden. 1903 schloss dann der Magistrat mit dem Pensionatsleiter einen Vertrag, in dem die Zuständigkeiten, wie zum Beispiel die Verantwortung für die Schüler oder die Finanzierung, festgeschrieben wurden und der jedes Jahr erneuert werden musste. Im ersten Schuljahr 1903/04 befanden sich 20 Schüler im Wohnheim, im nächsten schon 77. Nachdem das Pensionat unter der Oberaufsicht der Regierung stand, musste die Stadt jedes Jahr Bericht über das Wohnheim erstatten. Ab 1906 schrieb der Pensionatsleiter Georg Strehl eine sogenannte „Chronik der Anstalt während des Berichtsjahres", in der er dem Stadtmagistrat Auskunft über die „Frequenz der Anstalt, Erziehung und

Unterricht, Disziplinäre Verhältnisse, Fürsorge für die Körperpflege, Gesundheitliche Verhältnisse und den Zustand der Gebäude und des Mobiliars"[9] erteilte. Aus diesen Berichten geht hervor, dass man sich wirklich um jeden Schüler kümmerte. Alle besonderen Vorkommnisse wurden gemeldet, wie zum Beispiel das Nichterreichen des Klassenziels:„ Von 54 Schülern, welche die K. Realschule besuchten, hat nur einer das Klassenziel nicht erreicht, wegen ungenügender Leistung im Zeichnen…"[10]. Auch auf die Anfertigung der Hausaufgaben wurde viel Wert gelegt, so gab es den Tag über vier Stunden, in denen die Hausaufgaben angefertigt werden mussten; wem das nicht ausreichte, der hatte die Möglichkeit, dies um eine Stunde zu erweitern. Ebenso wurde schwächeren Schülern Nachhilfeunterricht erteilt. Disziplinloses Verhalten wurde mit teilweise harten Strafen geahndet. Eine Sache, die man wahrscheinlich auf die zeitlichen Umstände zurückführen muss, ist das große Augenmerk, das auf sportliche Aktivitäten aller Art gelegt wurde. Zum Zwecke der körperlichen Ertüchtigung gab es Turngeräte auf dem Hof, oder es wurden Spaziergänge, am Sonntag sogar Wanderungen, durchgeführt.

Allgemein kann man sagen, dass das Schülerpensionat eine wirklich große Bedeutung in der Schullandschaft Dinkelsbühls darstellte, denn zeitweise wohnten 50% Schüler des

Progymnasiums im Pensionat und die Zahl der
Schüler der Realschule stieg von ihrem
niedrigsten Stand mit 20 Schülern im Schuljahr
1882/83 auf 215 im Jahr 1918/19, was ebenfalls
mit ein Verdienst des Pensionats gewesen sein
dürfte.

2.2.3 Der Historische Verein Alt-Dinkelsbühl

In der Zeitung vom 15. November 1893 wurde
berichtet, dass eine Versammlung im „Deutschen
Haus" stattgefunden habe, in der verschiedene
Herrschaften ihr Interesse bekundet hätten, einen
Verein zu gründen, der das Ziel haben sollte „alle
auf die frühere Geschichte unserer Stadt und
Umgebung bezüglichen Urkunden und
Gegenstände zu sammeln und der Besichtigung
durch das Publikum zugänglich zu machen."[11] Es
war allen klar, dass dies nur mit der
Unterstützung der gesamten Bevölkerung
möglich wäre, und da man ja zu deren Wohle zu
handeln vorhatte, war man sich ihrer
Unterstützung auch ziemlich sicher. Für die
Beschaffung von Exponaten wurden schon vorab
drei verschiedene Arten erdacht, nämlich die
Schenkung von Gegenständen, deren Anleihe
oder deren Ankauf. Zum Schluss wurde Ludwig
Sternecker noch beauftragt, zur konstituierenden
Sitzung einzuladen. Somit lud Sternecker, in der
Ausgabe vom 18. November für Mittwoch, den
22. November um acht Uhr abends, alle

interessierten Bürger ein. Daraus folgt, dass der Historische Verein am 22. November des Jahres 1893 gegründet wurde[12]. Am 16. Dezember wurde dies dann veröffentlicht und mitgeteilt, dass „die (...) Männer, die sich, zusammengefunden hatten, an der Beratung der Vereinsstatuten mit anerkennenswertem Eifer theil nahmen"[13] und dies die beste Voraussetzung sei, um wie in anderen Städten auch, der Aufgabe der Erhaltung der Stadt gerecht zu werden. Ebenso wurde berichtet, dass sich schon Räume gefunden hätten, die sich im alten Rathaus befänden und es so möglich sei, dort bereits jetzt Exponate abzugeben. Der Jahresbeitrag wurde auf eine Mark festgesetzt, wobei man höheren Gaben nicht abgeneigt war. Ein halbes Jahr später wurde aber bereits das geringe Interesse in einem Brief, der in der Zeitung vom 16. Mai veröffentlicht ist, angemahnt. Nichtsdestotrotz habe man aufgrund der Großzügigkeit einiger weniger Privatpersonen schon Exponate zusammen. Das führte dazu, dass der Verein bereits am 8. Juli eine Ausstellung veranstaltete. Diese wurde einen Tag vorher in der Presse angekündigt, damit die Modalitäten, wie z. B. die Öffnungszeiten „ Vormittags von 10-12 und Nachmittags von 2-5 Uhr" und der Preis „allgemein Zugänglich, und zwar an diesem Tage durchaus unentgeltlich"[14] bekannt gemacht waren. Über die zukünftigen Öffnungszeiten sei man sich noch nicht einig, so der Artikel weiter, aber es stehe fest, dass sich der Eintritt in Zukunft auf 10 Pfennig belaufen solle und Kinder nur in Begleitung von Aufsichtspersonen Zugang bekämen. Außerdem ist schon damals wie heute das Anfassen der Exponate strengstens verboten gewesen.

Die Reaktionen auf diese Ausstellung waren durchweg positiv, was auch ein Leserbrief in der Zeitung vom 11. Juli beweist. Ab 1897 bekommt der Verein darüber hinaus noch jährlich 100 Mark Zuschuss von der Stadt, da er sonst kaum hätte überleben können. Im Jahre 1901 fing auch die Regierung an, sich für den Verein zu interessieren; so schrieb diese einen Brief[15], in dem sie um Auskunft über den Ort und Zeitpunkt der Gründung, den Eigentümer der Sammlung und den Ort der Ausstellung bat. Außerdem erkundigte sie sich über die Verwaltungsstrukturen, den Katalog, die Öffnungszeiten der Sammlung und die Eintrittspreise. Interessant waren natürlich auch der Etat der Sammlung und deren Ursprung sowie der Inhalt derselben und deren hervorragende Stücke . Der Verein antwortete prompt innerhalb von 14 Tagen und schrieb, dass die Sammlung privaten Charakter habe, die Gründung 1893 erfolgt sei, die Sammlung sich teils aus Stadteigentum, privaten Leihgaben und Vereinseigentum zusammensetze, sie mangels Örtlichkeiten aber nicht zugänglich sei, der Vorstand Sternecker, der Konservator Gottlieb

Schwarz und der Gehilfe Neeser heiße. Es gebe keinen Katalog, dafür aber eine Inventarliste mit über 1000 Nummern und die Finanzierung laufe über die Beiträge und die Stadt. Herausragende Stücke seien hauptsächlich Schränke, Instrumente, Glas- und Porzellangefäße, Waffen und Münzen. Im Jahr 1904 bat die Kammer des Inneren der Regierung von Mittelfranken um die Bereitstellung von Jahrbüchern und etwaigen Publikationen. Später im gleichen Jahr erkundigte sich die Regierung erneut über den Zustand und die Unterbringung der Sammlung und gab den Hinweis, dass man einen Antrag auf Fördermittel stellen solle.

Bild 7: Vereinshaus am Segringer Tor

Dies traf sich eigentlich recht gut, denn im vorhergehenden Jahr hatte der Verein das Röllsche Anwesen oben am Segringer Tor für 2.400 Mark erworben und es für 800 Mark renoviert, was erheblich auf die Finanzlage des Vereins drückte und auch nicht durch an die Bevölkerung verkaufte Anleihen verbessert werden konnte. Es kamen hier nämlich nur 1.600

Mark zusammen und somit war immer noch der gleiche Betrag an Schulden vorhanden. Diesen Zustand und die Tatsache, dass die Sammlung noch im Haus B des Spitals untergebracht war, teilte der Verein der Regierung mit und bat um einen möglichst hohen Zuschuss. So begann ein jährliches Spiel des Berichtsschreibens und Antragstellens, welches bis 1912 immerhin 850 Mark abzgl. Porto, denn hier war die Regierung genau, brachte. Ebenfalls 1912 gab es dann noch einmal 300 Mark vom General-Konservatorium zum Zwecke der Schuldentilgung und des Neuerwerbs von Exponaten. Jedoch musste hierzu ein Verwendungsnachweis erbracht werden. Den Einfluss des Vereins auf die bauliche Gestaltung der Stadt sieht man daran, dass er bereits 1899 den Erhalt der Gebäude in Dinkelsbühl forderte, was mit der Einführung einer Prämie von 100 Mark für jeden, der etwas weniger hatte und sein Haus, anstatt es nur herunterzuputzen, „im Charakter desselben"[16] renovieren lassen wollte, deutlich gemacht wurde. Ebenso wurde 1903 durchgesetzt, dass jede bauliche Tätigkeit einen Tag vorher bei der Polizei angemeldet werden musste. Und 1904 wurde eine „Kommission zur Pflege der heimatlichen Baudenkmäler"[17] gegründet, deren Mitglieder Neeser, Schwarz und Josef Kühn jr. wurden. Im Jahr 1908 gab sich der Verein den Beinamen „Alt-Dinkelsbühl", dessen Ziele um die „Bemühungen um den Fremdenverkehr und die Bewahrung des Stadtbildes sowie Denkmalpflege und Bauweise insgesamt" erweitert wurden. Alles in allem kann man sagen, dass die Entwicklung des Historischen Vereins in den ersten Jahren kontinuierlich verlief, wobei unter Sternecker das Ziel war, eine gute Basis für den Verein zu schaffen. Das ist ihm und seinen Mitstreitern gelungen, da ohne ihre Tätigkeit ein Projekt wie das neue Museum im alten Rathaus undenkbar wäre, schon allein deswegen, weil es den Verein ohne diese Menschen vermutlich gar nicht gäbe.

2.2.4 Die Wasser- und Stromversorgung der Stadt

Bild 8: Plan der Wasserversorgung um 1906

Am 4. Dezember 1818 beschlossen die
städtischen Kollegien zur Erhöhung der
allgemeinen Sicherheit die Einrichtung einer
Straßenbeleuchtung für die gesamte Stadt. Diese
funktionierte damals nur mit Öl und bewirkte
eher das genaue Gegenteil von dem, wofür sie
ursprünglich eingerichtet worden war.

Zu diesem Zeitpunkt gab es bereits eine
städtische Wasserversorgung, bei der mit vier
Quellsammlungen, die in Brunnenhäuschen
untergebracht waren, unter anderem am
Muckenbrünnlein, insgesamt 285 teils private,
teils öffentliche Brunnen versorgt wurden. Das
einzige Problem hierbei war die Qualität des
Wassers, die meist äußerst schlecht bis teilweise
sogar krankheitserregend war. Und so gab es ab
dem Jahr 1883 immer wieder Bestrebungen, diese
Lage zu verbessern, was aber erst 1906
tatsächlich verwirklicht werden konnte. Hierzu
gab es einigen Vorlauf, wie zum Beispiel den Bau
einer Kanalisation in der Wörnitzvorstadt,
Kanalarbeiten in der heutigen Dr.-Martin-
Luther-Straße, am Marktplatz, der Elsässer- und
Steingasse sowie der Verlegung von
Straßenkanälen im Bereich der Wethgasse und
dem Föhrenberg bis hin zur Klostergasse und
dem Einbau eines Entlastungskanals vom
Ledermarkt bis zum Mühlgraben; die o. g.
Maßnahmen fanden in einem Zeitraum von 1896
bis 1905 statt und kosteten insgesamt über
200.000 Mark, da diese Gebiete natürlich noch

neu gepflastert werden mussten. Die
Vorbereitungen zur Einrichtung der
Druckwasserleitung begannen 1901 mit dem
Auftrag der Stadt an Herrn Ingenieur Kullmann
aus Nürnberg, geeignete Orte für die Platzierung
einer Pumpstation zu finden. Seine Vorschläge
lauteten wie folgt:

„I. Für die Herstellung einer Gravitationsleitung
käme von allen durchsuchten Tälern nur das
Gebiet zwischen Esbach und Radach mit seinem
westlichen Hinterland in Betracht. Dabei müsste
aber auf den im Interesse der Feuersicherheit von
einer zentralen Wasserversorgung geforderten
Betriebsdruck verzichtet werden.
II. Unter Benützung der Quellen bei der
Reichertsmühle sei eine Wasserversorgung mit
stündlicher Hebung möglich."[18]

Da sich dieser Vorschlag als sehr kostspielig
herausstellte, wurde zuerst einmal ein anderes
Projekt, das gleichzeitig geprüft worden war, in
Angriff genommen. Dieses sah vor, eine
Pumpstation am Schießwasen einzurichten, was
wegen der Nähe zur Stadt nicht nur von der
Lage, sondern auch von der finanziellen Seite her,
sehr günstig gewesen wäre. 1903 wurden
Probebohrungen durchgeführt. Diese zeigten
aber nicht das erhoffte Ergebnis und so wurde
auf das Tiefquellwasserversorgungsprojekt
zurückgegriffen.

Bild 9: Wasserwerk an der Reichertsmühle um 1906

Noch im gleichen Jahr begann man mit den Probebohrungen und nachdem der Versuch des Dauerbetriebs der Pumpen am 14. Juni 1904 erfolgreich beendet werden konnte, folgte am 24. September der Beschluss der Stadtgremien, die gesamte Stadt mit einer Druckwasserleitung auszustatten. So konnte zu Beginn des darauf folgenden Jahres mit dem Bau der erforderlichen Vorrichtungen durch den Ingenieur Kullman und seine Leute begonnen werden. Die Planung legte die Länge der Rohrleitungen auf 12.815,55 m fest und man ging davon aus, dass man ca. 6.000 Menschen versorgen müsse. Dies ergab zusammen mit den Industriebetrieben einen täglichen Wasserverbrauch von etwa 650 m³, welcher aber bereits durch 9-stündigen Betrieb der Pumpen zu bewältigen war. Insgesamt konnte bei einer Pumpenlaufzeit von 24 Stunden eine Wassermenge von 1900 m³ gefördert werden, weshalb die Stadt beschloss, das Wasser ohne Wasserzähler an die Haushalte abzugeben. Nur Industriebetriebe mit höherem Wasserverbrauch wurden mit Zählern ausgestattet. Dennoch wurde ein sogenannter Wasserzins erhoben, der zwischen 12 und 30 Mark lag. Bei den Betrieben erhob man einen Wasserzins von 32 Mark pro 160 m³ Verbrauch, bei höherem Verbrauch gab es unter Umständen auch Rabatte.

Die Gesamtkosten des Wasserwerks, das im März 1906 seinen Betrieb aufnahm, lagen bei 348.000 Mark, wozu die Stadt 15.000 Mark Zuschuss vom Staat erhielt. Die Betriebskosten wurden mit 21.000 bis 22.000 Mark jährlich veranschlagt. Nachdem das Pumpwerk natürlich auch Strom benötigte, die Stromproduktion vor Ort aber zu aufwendig gewesen wäre und die Pläne für die allgemeine Straßenbeleuchtung und die Wasserversorgung schon fast 20 Jahre alt und immer wieder am Perfektionismus der Herren Sternecker und Petzold (Kollegiumsvorstand) gescheitert waren, konnte man da das Nützliche gleich mit dem Angenehmen verbinden und so beschlossen die Stadtkollegien am 30. Dezember 1904 gleich noch die Einrichtung eines

Elektrizitätswerks. Der Auftrag ging mit Beschluss vom 18. Mai des Jahres 1905 für 250.000 Mark an die Firma Siemens-Schuckert in Nürnberg. Man sah als Ort die Schranne, die durch ihre zentrale Lage optimal gelegen war, vor. Das Kernstück der Anlage bildeten zwei Dieselmotoren, zwei Dynamos und eine Akkumulatorenbatterie mit einer Speicherkapazität von 648 Ampèrestunden. Für die Haushalte war eine Netzspannung von 220-250 Volt vorgesehen, für die weiter entfernte Pumpstation eine Spannung von 6000 Volt. Um Spannungsschwankungen vorzubeugen, wurden fünf Einspeisstationen eingerichtet, die direkt mit dem Elektrizitätswerk verbunden waren. Eigentlich war der produzierte Strom in erster Linie für das Pumpwerk und die Straßenbeleuchtung vorgesehen und erst in zweiter für private Zwecke. Doch durch die hohe Kapazität der Anlage konnten bis zum Mai 1906, also knapp zwei Monate nach deren Inbetriebnahme am 15. März desselben Jahres, schon 215 Häuser auf einer Gesamtkabellänge von 5,5 km angeschlossen werden. Verwendet wurde der Strom zu diesem Zeitpunkt für 3.318 Lampen verschiedenster Art, 27 Elektromotoren, 7 Ventilatoren und ein Bügeleisen. Die Straßenbeleuchtung bestand aus mehr als 200 Lampen. Die Strompreise lagen damals bei „55 Pfennigen pro Kilowattstunde für Beleuchtungszwecke und 20 Pfennigen für

Kraftzwecke."[19] Insgesamt wurden drei Mann Personal benötigt und die Betriebskosten beliefen sich auf ca. 25-26.000 Mark jährlich.

Eine Meisterleistung, wenn man bedenkt, dass es nur 9 Monate brauchte, um dies fertig zu stellen. So schreibt Josef Greiner in seiner Festschrift zur Einweihung der Anlagen: „Die nunmehr fertig gestellten und in Betrieb gesetzten zwei Neueinrichtungen, (...), bilden fortan eine sichere Grundlage für die Weiterentwicklung der Stadt im allgemeinen und insbesondere für mehrere jetzt schon fertiggestellte, notwendige und nutzbringende hiesige Neuschaffungen. Erst jetzt kann beispielsweise das neu errichtete, gut frequentierte städtische Schülerpensionat mit ähnlichen Instituten in anderen Städten erfolgreich konkurrieren, und nunmehr kann auch die von Herren Stadtbaumeister Neeser erst kürzlich neuerbaute Desinfektionsanstalt, welche nicht bloß für die hiesige namenhafte Pinselindustrie, sondern in sanitärer Beziehung überhaupt von großer Wichtigkeit ist, in Betrieb genommen werden."[20]

2.2.5 Weitere große Maßnahmen in der Ära Ludwig Sternecker

Errichtung des Schlachthofes, der 1891 in Betrieb genommen wurde;
Kosten: 84.000 Mark

Im Zeitraum von 1889 bis 1901 Neupflasterung der Hauptstraße und einiger Nebenstraßen; dabei wurde die Steigung der Segringer Straße von 11% auf 9% verringert;
Kosten: 74.000 Mark

Erneuerung und Vergrößerung der Löschwasserleitung in der Segringer Straße;
Kosten: 10.468 Mark

Erneuerung der Dächer im Spital;
Kosten: 4.763 Mark

Ab 1892 bis 1896 Restaurierung des Münsters;
Kosten: 16110 Mark

1894 -1901 Restaurierung und Erneuerung der Stadtmauer und deren Türme und Tore;
Kosten: 13.181 Mark

Erweiterung des Friedhofs;
Kosten: 13.056 Mark

1897 Auftrag an Ludwig Stark zur Erstellung eines Festspiels für die Kinderzeche; dazu wurde auch der Schrannenfestsaal renoviert.

Alle hier erwähnten baulichen Maßnahmen und die Gründung des Historischen Vereins gehen größtenteils auf das Duo Sternecker/ Neeser zurück, bei denen letzterer immer die Planung und bauliche Aufsicht innehatte. Somit kann festgestellt werden, dass in den 31 Jahren, in denen Ludwig Sternecker als rechtskundiger Bürgermeister in Dinkelsbühl tätig war, fast 1,5 Millionen Mark für die Infrastruktur, die Kulturlandschaft und sonstige Dinge ausgegeben wurden. Dies entspricht einer heutigen Summe von ca. 16,55 Millionen Euro[21].

Es dürfte jedem klar sein, dass dies natürlich nicht ohne Schulden zu bewerkstelligen war, wobei diese im Jahr 1912 bei einer vergleichsweise geringen Summe von 349.062,87 Mark also ca.2.827.409,25€[22] lagen und so kam es, wie es kommen musste, nämlich, zu dem, was im nächsten Kapitel beschrieben wird.

Als Sternecker 1911 anlässlich des 90.Geburtstages des Prinzregenten Luitpold zum Hofrat ernannt wurde, könnte man sagen, dass er sich auf dem Höhepunkt seiner Karriere befand.

2.3 Ein „Revolutiönchen"[23], das zur Pensionierung führte

Doch schon ein Jahr später, und zwar am 13. August des Jahres 1912, war der Anfang vom Ende besiegelt. An diesem Tag nämlich fasste das Kollegium der Gemeindebevollmächtigten den Beschluss, den rechtskundigen Bürgermeister Ludwig Sternecker und den Stadtmeister Max Neeser zu pensionieren, und zwar aus folgenden Gründen:

soll „ dem finanzwirtschaftlichen Rückschritt Einhalt geboten werden"
weil „ der Verwaltungsapparat zu weitläufig ist und weitaus zu hoch kommt"
... „ die dadurch entstehenden Konsequenzen unhaltbar werden" und
weil „ die Umlagenzahler von den jetzt ständigen unheimlichen Lasten der kommunal Arbeiten nicht zu sehr gedrückt werden sollen".[24]

Der Fehler, den sie dabei begingen, war der, dass sie diesen Beschluss in der Zeitung veröffentlichten, was dazu führte, dass die Kammer des Inneren der königlichen Regierung darauf aufmerksam wurde und sich dazu genötigt sah, am 19. August einen Brief an das Kollegium der Gemeindebevollmächtigten zu schreiben, um dieses darauf aufmerksam zu machen, dass „ eine

Versetzung eines Gemeindebeamten nur durch den Magistrat möglich ist"[25] und sie dies mit der „ Kahr, Gem. Ordn. Bd I. S. 873 f.," und dem "Bd II. Anm. zu Art.159 S.93" vergleichen sollten[26]. Des Weiteren sollte das Gemeindekollegium die Regierung über die weiteren Schritte informieren. Nachdem der Magistrat in einer Sitzung vom 6. September die Forderungen des Kollegiums allesamt zurückwies, schrieb das Kollegium am 19. September eine Art Anklagebrief, indem es Sternecker als Vorsitzendem des Magistrats vorwarf, dass die Umlagen in den Jahren 1906 bis 1911 von 70% auf 120% gestiegen seien, obwohl „ das Elektrizitäts- und Wasserwerk auf sich selbst rentierend angelegt worden ist und die Pflasterung und Kanalisation auf Schuldentilgung übernommen worden sein" [27], was eine Steigerung an sich gerechtfertigt hätte, aber nicht in dieser Höhe. Außerdem, so das Kollegium weiter, sei der Missmut der Bevölkerung verständlich, da es ja auch noch die Umlagen der Betriebe gebe. Und obwohl, dass die Hospitalstiftung, zusammen mit der Kommunalkasse 1906 noch einen Vermögensstand von insgesamt 65.000 Mark aufzuweisen hatte, sei dieser bis zum Jahr 1912 komplett verbraucht und es seien zusätzlich noch 35.000 Mark Schulden gemacht worden. Deswegen gebe es keine Anerkennung der Buchführung von Seiten des Kollegiums. Dies war aber auch auf die Tatsache zurückzuführen, dass es im Jahre 1912 22.000 Mark mehr vom Staat gab und trotzdem eine erneute Umlagensteigerung um 63% nötig gewesen war, was bei einem „ Landstädtchen mit knapp 4800 Einwohnern bei einer Armenlast von 30000 Mark erschreckend und unerträglich" [28] sei. Nur gab es nicht nur keine Anerkennung, sondern „halten es die Gemeindebevollmächtigten für ihre Pflicht (...), dem bisherigen städtischen Zahlungsgebaren Einhalt zu Gebieten".[29], da sie sonst die Gefahr einer Verschlechterung der Lage sähen. Es sei auch nicht möglich, die städtische Situation mit anderen Städten zu vergleichen oder zu entschuldigen, denn „ Die Mißstände im Stadthaushalt liegen nur zum Teil für jeden offen zu Tage – Kanalisationsabrechnungen – Kummulatorenbatterien – Bauüberschreitungen" [30] seien nicht für jeden zu erkennen. So sollte die Stadtführung ihre „ganze Kraft einsetzen, um dies abzustellen", weil sonst keine weitere Zusammenarbeit mehr möglich sei. Weiter wird der Magistrat beschuldigt, die Kürzung des Etats um 10.000 Mark bereits im August 1912 ausgegeben zu haben, da sie eine neue Forderung über 3.500 Mark gestellt hätten. Die Pensionierungsanträge vom 13. August fanden in der Bevölkerung Zustimmung und selbst „ die vereinzelten Stimmen, die aus persönlichen Gründen oder aus Rücksicht das Vorgehen des Kollegiums beanstanden, richten sich nicht gegen die Pensionierung, sondern gegen die Form"[31]. Doch auch der Magistrat wurde kritisiert, nachdem sich manche Magistratsräte angeblich für die Pensionierung aussprachen und dann das genaue Gegenteil von dem taten, was sie sagten. Der letzte Vorwurf des über acht Seiten langen Briefes hatte das Privatleben Ludwig Sterneckers im Focus, doch dieses Thema möchte ich aufgrund ungeklärter Aktenlage unbearbeitet lassen, da die Vorwürfe im Brief ebenfalls keine eindeutige Aussage über die genaue Situation machen. Klar ist nur, dass Sternecker seiner Frau 100 Mark Schweigegeld angeboten haben soll. „In Erwägung dieser Punkte"[32] beschloss das Kollegium der Gemeindebevollmächtigten dann, dass: „Der titl. Stadtmagistrat hiermit dringend ersucht wird, auch Herren Hofrat Sternecker unter einsichtiger Darlegung der Lage und der Stimmung in der Bürgerschaft, welche letzteren direkt kommen zu lassen Herr Hofrat wenig Gelegenheit nimmt nachdrücklich dahin einzuwirken, dass Herr Hofrat Sternecker wie Herr Neeser seinen Abschied annimmt. Eine solche Einwirkung kann nach Ansicht des Kollegiums gerade denjenigen Magistratsräten nicht schwer fallen welche nachweislich selbst schon für die Pensionierung agitierten."[33] Zu diesem Zweck sollte Sternecker dann bis zum 26. September Bescheid geben, ob er am 1. Januar 1913 zurücktrete. Falls die Meldung oder Ablehnung nicht bis dahin eingegangen sei, drohte das Kollegium, Sternecker bei der Regierung anzuschwärzen. Da Neeser ab dem 1. Dezember 1912 in eine höhere Gehaltsstufe eingetreten wäre, wovon am 1. Januar 1913 schon über 90% rentenfähig gewesen wären, wurde er am 1. Oktober 1912 in den Ruhestand versetzt. Sternecker aber folgte dieser Aufforderung nicht und so legte das Gemeindekollegium am 30. September Beschwerde bei der Regierung ein. Die schrieb am 28. November 1912, dass sie sich bei der „Festsetzung des Umlagenprozentsatzes, Maßnahmen vorenthält",[34] da bei einer Verhandlung der beiden städtischen Kollegien „die Behauptung einer den Vorstand des Stadtmagistrats zu Last gelegten Misswirtschaft der Finanzverwaltung der Stadtgemeinde eine ausschlaggebende Rolle gespielt hat"[35]. Außerdem wurde ein Regierungskommissär beauftragt, die Lage zu untersuchen. Dabei halfen ihm einige Magistratsräte. So ergab sich in einer erneuten Verhandlung der städtischen Gremien am 25. und 26. November, dass Ludwig Sternecker nicht die alleinige Verantwortung tragen musste, ebenso konnte der Vorwurf der mangelhaften Sorge um das E-Werk beseitigt werden, da man sich auf die Beauftragung eines Sachverständigen einigte. Die Klage gegen Max Neeser wurde fallen gelassen, da er sich im Ruhestand befand und er ausschließlich Taten seiner Tätigkeit zu verantworten gehabt hätte. Auch alle anderen Beschwerdepunkte konnten

vom Bürgermeister und seinem Magistrat entkräftet oder sogar widerlegt werden. Somit musste das Kollegium der Gemeindebevollmächtigten seine Vorwürfe fallen lassen. Der Brief enthält des Weiteren die Anweisung, das Rücktrittsgesuch Sterneckers für den 1. März 1913
„ vorschriftsgemäßer Behandlung durch die städtischen Kollegien entgegenzuführen"[36]. Nachdem dies erfolgt war, konnte Ludwig Sternecker am 1. März 1913 mit einer Pension von 4.752 Mark jährlich in Rente gehen.
Er starb am 2. Februar 1914, d.h. nur knapp ein Jahr später. Seine Witwe wird noch einen langen Streit mit der Stadt über ihre Witwenrente führen, doch das würde hier zu weit führen und ist außerdem nicht Teil des Themas.

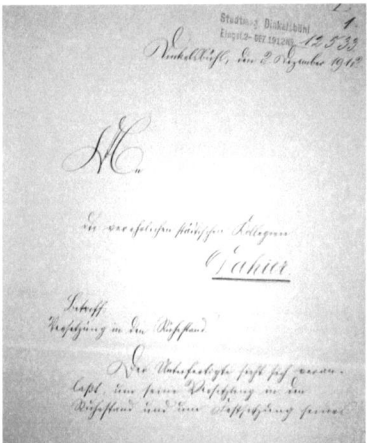

Bild 10: Rücktrittsgesuch Ludwig Sterneckers

48

Anhang

Bilder 11 – 18:
Beschwerdebrief des Kollegiums der
Gemeindebevollmächtigten an den Magistrat

als Kassenbestand aufweisen und diese K 65000.– Anfangs 1911 nicht nur schon voll und ganz verbraucht waren, sondern außerdem gezwungen war, der Hospitalstiftung K 35000.– zur Erstellung eines Betriebsfondes auf Schuld aufnehmen zu genehmigen, so dürfte doch wohl kaum mehr eine sorgfältige, zweckmäßige Führung der Finanzgeschäfte anerkannt werden können.

Die vom löbl. Magistrat für 1912 trotz der um K 22000.– erhöhten Staatssteuern geplante abermalige Steigerung der Umlagenlast um 63% gegen das Vorjahr ist für ein Landstädtchen von knapp 4800 Einwohnern bei einer Armenlast von ca K 30000.– erschreckend und unerträglich.

Der Vergleich mit einigen andern Städten ist wegen der verschiedenen Verhältnisse weder zulässig noch zutreffend. Auch sind manche Beispiele nicht nachahmenswert.

fortwährend grundsätzlich befolgte
zu schmalen ... verband ...
... des Kollegiums wird geschwächt.
... nicht achtet.

... grüne Theer, Stockwachsen,
Braunstirning, Heider Conto etc.

6. Die Pensionirungs-Anträge des Ge-
meinde Kollegiums haben – wie wir
... kleinem Heft beobachten abgesehen –
in der gegen ... Unbeliebtheit Ein-
fältiger Vortheil gemacht, weil die
seit Jahren ... Unzufriedenheit
mit der ... Verwaltung endlich
ihren ... Ausdruck ge-
funden hat. ... verwirrenden
Stimmen, welche ... persönlichen Prin-
cipien und ... der brechen
des Kollegiums ... ge...
... richten sich nicht gegen
die Pensionirungen an sich, sondern
nur gegen die Form.

7. ... der Bürgerschaft macht ... gegen
der Verhalten unseres Magistratsräthe
... welche noch ...
... die ... nur ...

Punkte und in der Erwägung, [...]
nach allen Tragelehren im [...]
pünktlichen Zusammenarbeiten auszu-
schließen wünscht, hat das Collegium
der Gemeindebevollmächtigten in heutiger Sitzung nachfolgendes beschlossen:
1. Der seth. Stadtmagistrat wird hiermit dringend ersucht, auf Herrn Stadt-
rat Sternecker unter günstiger Ver-
bescheidung der Lage und der Stimmung
in der Bürgerschaft, welche Letztere sich
[...] zu einer Ehr Gebot nach
Gelegenheit nimmt, nachdrücklich
dahin einzuwirken, daß Herr Gebot
Sternecker, (wie Herr Weiser) seinen
Abschied nimmt.

Eine solche Einwirkung kann nach
Ansicht des Collegiums gegen diejenigen
Magistratbräthen nicht fehlen
welche nachwendlich selbst schon für
die [...] agitirten.

2. Der Stadtmagistrat wird hiermit
ferner ersucht, Herrn Gebot Sternecker
Lit. 26 Abtheilung einer Einräumung Erklär-
ung zu [...], ob er gewillt ist,

seinem Nachhurt Per 1. Jänner 1913
gar nehmen beg. eingemischer oder

nicht;

Im schlimmen Falle — welcher
aber noch der Lehrer und mehrjähr-
lichen Erfahrung in diesen Sachen
kaum glücklich erscheint, würde
sich das Collegium gezwungen sehen
unter Ablieferung des gesammten ihm
zur Verfügung stehenden Materials
bei Kgl. Kreisregierung vorstellig
zu werden sich der Schutz der Kgl.
Regierungsstellen und nehmen, die
nicht genannten Punkte fortsetzung
zu bringen.

Dinkelsbühl, 19. September 1912

Das Collegium
der Gemeindebevollmächtigten:

Schwarz. Breitinger Gabler.

56

Bilder 19 – 23:
Brief der Regierung von Mittelfranken an das
Kollegium der Gemeindebevollmächtigten

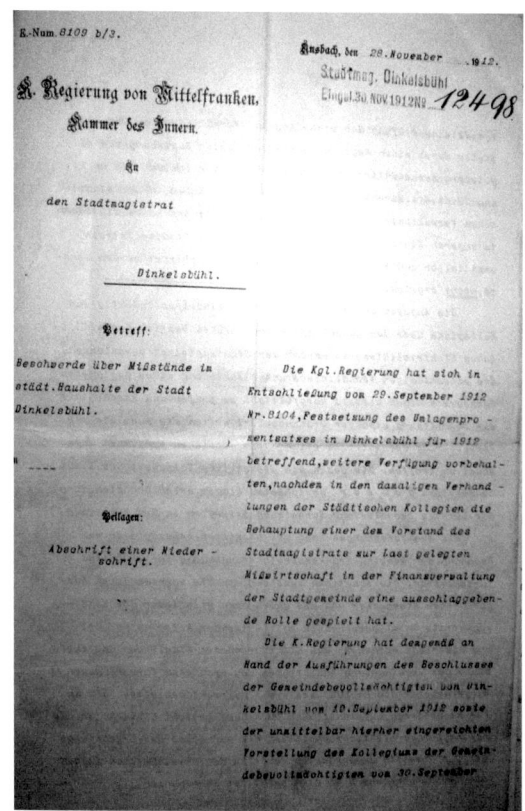

lfd.Js.eine Prüfung der einschlägigen Verhältnisse an Ort und Stelle durch einen Regierungskommissär unter Zuziehung von Mitgliedern der städtischen Kollegien vornehmen lassen. Die am 25. und 26.ds.Mts.durchgeführten Verhandlungen haben in der städtischen Verwaltung und im städtischen Haushalt besondere Mißstände im engeren Sinne,für welche dem Vorstand des Stadtmagistrats unmittelbar und allein die Verantwortung überbürdet werden könnte,nicht ergeben.

Die Angaben des Vorstandes des Gemeindebevollmächtigten-Kollegiums über den mangelhaften technischen Betrieb des städtischen Elektrizitätswerks werden den Stadtmagistrat veranlassen, die einschlägigen Verhältnisse unter Zuziehung eines geeigneten Sachverständigen alsbald sorgfältigst zu prüfen und hienach die zur Beseitigung etwaiger Ordnungswidrigkeiten wie auch die zur Verbesserung der Betriebsleitung etwa gebotenen Maßnahmen ungesäumt zu treffen. Die gegen die dienstliche Tätigkeit des Stadtbaumeisters K a e s e r gerichteten Klagen erledigen sich durch die bereits beschlossene Versetzung desselben in den Ruhestand.

Die Nachforschungen nach dem vermißten Heberegister zur Rechnung der Gemeindekrankenversicherungskasse für 1902 sind fortzusetzen. Die sonstigen Beschwerdepunkte konnten durch Bürgermeister Sternecker und die anwesenden Mitglieder des Stadtmagistrats im allgemeinen in befriedigender Weise aufgeklärt und widerlegt werden,so daß die angesehenen Mitglieder des Kollegiums der Gemeindebevollmächtigten den erhobenen Vorwurf gegen Bürgermeister Sternecker nicht mehr aufrecht erhielten. Ein Anlaß zu weiteren aufsichtlichen Maßnahmen besteht hienach für die Kgl.Regierung nicht,vorbehaltlich der auf Grund des Ergebnisses der gleichzeitig angeordneten Revision des gemeindlichen Kassen- und Rechnungswesens noch etwa gebotenen Anordnungen.

Gegenwärtige Entschließung ist den städtischen Kollegien
zu eröffnen.

Das Gesuch des Magistratsvorstandes um Versetzung in
den Ruhestand vom 1.März 1912 an ist der unterschriftsgemäßen Behandlung durch die städtischen Kollegien entgegenzuführen.

Der v. Stadt

12498.

Beschluß.

1. Um vorstehende Entschließung über das in
heutiger außerordentlicher Sitzung versammelte
Magistratskollegium Kenntnis

2. Ist Ist gegen Nachleitung an das Collegium
der Herren Gemeindebevollmächtigten zur
gefälligen Kenntnisnahme.

Damit erlauben wir das Schreiben, die
jüngsten Aufstellungen über mangelhaften
technischen Betrieb der städtischen Elektrizitätswerke
baldmöglichst zur Kenntnis des Magistrats
bringen zu wollen, damit gemäß gegen-
wärtiger Entschließung in die Prüfung der
Beanstandungen eingetreten und die
Abstellung etwaiger Mißstände herbeigeführt
werden kann.

In Hinsicht auf den schleunigst vorstehende

Ausschließung wird Bezug genommen
auf den in der gleichen Sache unterm
heutigen ergangenen gesonderten
Magistratsbeschluß

Dinkelsbühl, den 2. December 1912.
Stadtmagistrat.

1 Beil.

Werneckers
Rabenwirth
500   Kühl.

Auf Vorstehendes wird mitgeteilt, daß in
erster Linie dem Schmiedentenbuch er...
Eigenthümer Hart ... angemeldet, wird dem
noch Mitteilung der Münchner Fugblum
Maschinen Fabrik für Eisenwaren ...
Herumlandwirth ... schriftlich geschehen 10.10 ...
erwogen

2. Es sollen in dieser Artikel keine
Freigebungen von Händlern ...
waren die Fleiß für ihre Einrichten ...
... mit den doppelten Preis anlegen
rechnen, woran wir nicht ...
bedarf ab der jeweiligen Geschäfts...

Bilder 24 - 30:
Festschrift Josef Greiner 1906:

Die neue Wasserversorgung
und das Elektrizitätswerk

der Stadt Dinkelsbühl.

Zur Erinnerung an die feierliche Eröffnung
• • • • und Übergabe an die Stadt. • • • •

Buchdruckerei L. Stöbel, Dinkelsbühl.
1906.

ls Geburtstag der hiesigen städtischen Beleuchtung überhaupt kann nach sicheren Nachrichten der 4. Dezember des Jahres 1818 gelten. An diesem Tage beschlossen die beiden städtischen Kollegien in gemeinschaftlicher Sitzung, daß nach dem Muster anderer kleiner Städte als Rothenburg, Feuchtwangen und Roth bei Nürnberg auch in hiesiger Stadt zu größerer nächtlichen Sicherheit eine nächtliche Beleuchtung der Straßen eingeführt und einstweilen etwa 12 Laternen aufgemacht werden sollen. Am 17. Dezember 1818 wurden diese Laternen zum ersten Male angezündet. Es waren dies aber nur durch Rüböl mäßig genährte, schwach brennende, flackernde und rußende Lichtlein, welche in unförmlichen Laternen an knarrenden Ketten quer über die Straßen hingen und die Finsternis fast vergrößerten, anstatt sie zu verteilen.

Bedeutend besser als mit der Beleuchtung unserer Stadt stand es damals schon mit ihrer Wasserversorgung, die vermittelst Röhrenleitungen durch vier sog. Brunnenstuben bewerkstelligt wurde, nämlich 1. die Brunnenstube auf dem sog. Seuwasen, 2. die Brunnenstube auf der Löwenwirtsgrumß, 3. die auf dem Ziegelbuck und 4. den Muckenbrunnen. Von diesen vier Quellensammlungen wurden im Jahre 1816 folgende Brunnen mit Wasser gespeist:

A. öffentliche:

4 laufende Brunnen mit Maßin und 45 sachen Röhren,
15 „ „ ohne „
21 Pumpbrunnen und 1 Schöpfbrunnen.

B. private:

8 laufende Brunnen,
233 Pumpbrunnen,
2 Schöpfbrunnen.

Doch gab's in jenen Tagen schon wie auch vor kurzem noch Klagen über das von diesen Brunnenstuben gelieferte Wasser, das vielfach als ungenügend und teilweise sogar als gesundheitsschädlich bezeichnet werden mußte.

Damals war kaum ein Jahrzehnt vorüber, seit Dinkelsbühl an Bayern gekommen war, und die Stadt blutete noch aus tausend Wunden, die ihr teils schlechte Verwaltung und Mißwirtschaft, teils Teuerung und die eben beendigten Kriege geschlagen hatten.

Heute, da ein volles Jahrhundert vorübergezogen ist, während dessen die Stadt unter dem milden und weisen Szepter Wittelsbachs aus ihrem tiefen Niedergange zu neuem Blühen und Gedeihen erstanden ist, haben wir die Freude, daß in jedem Haus, ob hoch oder nieder, herrliches, frisches und gesundes Quellwasser in reichlichsten Fülle fließt, und daß unsere Straßen nachts durch das prächtige elektrische Licht fast taghell erleuchtet werden.

Dies dankt die Einwohnerschaft Dinkelsbühls einzig der weisen Einsicht ihrer Vertreter in den beiden städtischen Kollegien, an der Spitze dem Herrn rechtskundigen Bürgermeister Sternecker, der mit weitausschauendem Scharfblick das Richtige erkannte und in seinen verdienstvollen Bestrebungen von den jeweiligen Herren Kollegiumsvorständen Zähl und Pegold tatkräftigste und eifrigste Unterstützung erhielt. Diese Herren haben sich hierdurch ein bleibendes Denkmal in den Annalen der Stadt Dinkelsbühl gesetzt.

Wenn nun auch die beiden genannten Neueinrichtungen, durch welche Dinkelsbühl mit einem Schlage in die Reihe der modernen Städte getreten ist, erstaunlicherweise in verhältnismäßig kurzer Zeit, nämlich innerhalb eines Jahres entstanden sind, so waren sie, besonders eine neue, zeitgemäße Wasserversorgung, doch längst geplant, was die seit mehr als 20 Jahren vorliegenden Untersuchungen, generellen Pläne und Kostenvoranschläge genugsam beweisen.

Schon im Jahre 1888 wurde durch das K. Wasserversorgungsbureau in München ein allgemeines Projekt für eine Wasserversorgung der Stadt Dinkelsbühl ausgearbeitet. Durch dasselbe sollte die bei der Reichertsmühle frei austretende Quelle gefaßt und mit der Wasserkraft genannter Mühle in die bereits bestehenden Rohrleitungen gehoben werden. Das Projekt wurde nicht weiter verfolgt.

Von der Erwägung ausgehend, daß eine neue Wasserversorgung Dinkelsbühls unbedingt nötig sei, betrauten die städtischen Kollegien im Jahre 1901 Herrn Zivilingenieur Kullmann in Nürnberg mit der Durchführung der Vorarbeiten, für eine zentrale Wasserversorgung der Stadt. Ueber die in den Monaten September und Oktober genannten Jahres unternommenen Vorstudien wurde im Dezember den städtischen Kollegien Bericht erstattet, aus welchem folgende Schlüsse und Vorschläge folgten:

I. Für die Herstellung einer Gravitationsleitung käme von allen durchsuchten Tälern nur das Gebiet zwischen den Orten Eßbach und Rabach mit seinem westlichen Hinterland in Betracht. Dabei müßte aber auch das im Interesse der Feuersicherheit von einer zentralen Wasserversorgung geforderten Betriebsdruck berzichtet werden.

II. Unter Benützung der Quellen bei der Reichersmühle sei eine Wasserversorgung mit künstlicher Hebung möglich.

Noch während den im Gange befindlichen Kullmannschen Vorarbeiten wurde der Geologe Professor Dr. Thürach in Heidelberg zu Rate gezogen, welcher die Erschörung von quantitativ und qualitativ genügendem Wasser am Schirfwesen in sicherer Aussicht stellte.

Bei dem dem Kullmannschen Bericht beigefügten vergleichenden Berechnungen stellte sich das Gravitationsprojekt neben den schon erwähnten ungenügenden Druckverhältnissen als das teuerste dar, weshalb von einer weiteren Verfolgung desselben Abstand genommen wurde.

Daß für eine Wasserversorgung am Schirfwesen aufgestellte allgemeine Projekt erwies sich wegen der Nähe des Gewinnungsstelle als billigste.

Im Jahre 1903 wurde deshalb nach Beschluß der städtischen Kollegien die hydrologische Untersuchung des Schirfwesengeländes durch Herrn Stadtbaumeister Neefer auf das genaueste nach den Angaben des Geologen Thürach durchgeführt, ergab jedoch, daß sich die Voraussetzungen desselben als unzutreffend erwiesen.

Die Gesamtkosten für dieses verunglückte Projekt beliefen sich auf ca. 13900 ℳ, eine sehr geringe Summe im Vergleich zu ähnlichen Versuchen in anderen Städten, die das 8—10fache dieses Betrages gekostet hatten.

Nach diesem Mißerfolg, den man heute ruhig verschmerzen kann, wandte man sich wieder jenem Projekte zu, das nach der Meinung der beiden Herren Sachverständigen, Stadtbaumeister Neefer und Ingenieur Kullmann, von vorneherein die meiste Aussicht auf günstigen Erfolg dargeboten hatte, nämlich dem Tiefquellenprojekte an der Reichersmühle.

Merkwürdigerweise fand hier schon vor 200 Jahren und noch früher eine Brunnenstube, die 32 Schuh lang und 16 Schuh breit war und worin das Wasser stets 2 Schuh hoch gestanden ist. Sie ist wahrscheinlich mit der Anlegung der Markenbrunnenstube eingegangen und wurde im Jahre 1824 bis auf die Grundmauern abgebrochen, welch letztere aber erst mit Beginn der jetzigen Wasserleitungsarbeiten völlig entfernt wurden.

Noch im Herbste 1904 begann man in der Nähe dieser uralten Quellensammlung im Wiesengrunde zwischen Reichertsmühle und Main mit der Anlage eines Versuchsschachtes. Der aus demselben betriebene Dauerpumpverschluß lieferte derart günstige Resultate, daß am 14. Juni 1904 der Ankauf der erforderlichen Grundstücke und die Uebertragung der Detail-Projektbearbeitung an Kullmann beschlossen wurde. Das Projekt kam im Herbste des Jahres 1904 nach zur Ablieferung. Die Kosten sämtlicher Vorarbeiten betrugen 20328 ℳ 36 ₰.

Im Februar 1905 wurde mit dem Bauausführung unter Kullmanns Oberleitung durch die Ingenieure Ahder, Hobald und den unermüdlich tätigen Arnoldt begonnen, welch letzterer auch das ganze Werk fertigstellte.

Die Firma Kaiser & Schorr in Nürnberg erstellte die Erd- und Betonierarbeiten des Hochbehälters und der Pumpstation, das Deutsche Gußröhrensyndikat in Köln die Gußrohrlieferung, die Firma Paul Brochier in Nürnberg die Rohrlegung und Herstellung der Hausanschlüsse zur Ausführung übertragen.

Der Fassungsschacht ist 18,72 m tief und lieferte im Sommer 1905 während der 9 Monate andauernden Wasserhaltung ständig 22 Sekundenliter. Der Senkbrunnen hat 3,00 m Durchmesser und ist in Radialsteinen gemauert. Der Einsteigeschacht ist vierteilig, 4 m weit aus Zementbeton geschafft.

Das Gebäude des Pumpwerkes (Maschinenhaus mit angebauter Maschinistenwohnung) ist bis zum Sockel in Stampfbeton, der Aufbau in verputztem Bausteinmauerwerk ausgeführt.

Die Quellfassung kostete 27703 ℳ 53 ₰, das Gebäude 38195 ℳ 63 ₰.

Für das Stadtrohrnetz und die Druckleitung sind gußeiserne Rohre von 80—275 mm lichter Weite, für die Fluß-, Graben- und Tonleitungen Mannesmannröhre verwendet. Die Gesamtlänge vorstehender Rohrleitungen beträgt 12815,55 m. Die Kosten des Rohrnetzes belaufen sich auf 164570 ℳ 66 ₰. Es sind 133 Absperrschieber, 99 Oberflurhydranten und 66 Unterflurhydranten eingebaut.

Das Hochreservoir liegt im Osten der Stadt, 44 m über dem Wormswasserspiegel, ist aus Stampfbeton hergestellt und mit einem kühleren Vorbau in maderenem Stile versehen. Es faßt in 2 selbständigen Kammern 650 cbm Wasser. Der Vorbau enthält eine Schieberkammer, in welcher außer den Zu- und Ablaufrohren, sowie dem Ueberlaufrohre auch das Schaltwerf und das Tonkalkwerf für den elektrischen Wasserstandsmelder untergebracht sind. Die Baukosten des Hochreservoirs betrugen 19658 ℳ 79 ₰.

Das Pumpwerf ist mit der elektrischen Zentrale, von wo ihm der zum Maschinenantrieb erforderliche Strom bezogen wird, durch ein Kabel zugeführt wird, telefonisch verbunden. Außerdem zeigt der elektrische Wasserstandsfernmelder im Rathause und im Maschinenhause selbsttätig den jeweiligen Wasserstand im Behälter in Abständen von 10 zu 10 cm an.

Die im Maschinenhause untergebrachten, von der Vereinigten Maschinenfabrik Augsburg und Maschinenbaugesellschaft Nürnberg gelieferten 2 liegenden Pumpen werden durch Elektromotore mittels Riemenantrieb getrieben und leisten je 20 Sekundenliter auf eine Höhe von 55 m. Wenn bei Großwasser in der Stadt beide Pumpen arbeiten, fördert jede Maschine 14 Sekundenliter auf 70 m Höhe. Die Elektromotore leisten je 18 PS. Die beiden Pumpen kosten 13 000 ℳ.

An das Wasserwerk sind Gebäude angeschlossen. Der Projektbearbeitung war zu Grunde gelegt, daß das Wasser für 600 Einwohner zu beschaffen sei und man per Kopf und Tag 100 Liter zur Verfügung haben müsse; dies gäbe per Tag 600 cbm. Es waren ferner für die Bahn und sonstigen industriellen Gebrauch noch 50 cbm täglicher Bedarf angenommen oder zusammen 650 cbm == rund 7,5 Sekundenliter. Diesen Tagesverbrauch fördert eine Pumpe in 9 Stunden.

Während der Wasserhaltung im Sommer 1905 lieferte der Brunnen bei 24stündigem Betrieb rund 1900 cbm Wasser. Diese große Ergiebigkeit der Quellfassung gestattet, das Wasser ohne Wassermesser abzugeben, ein in gesundheitlicher Beziehung gar nicht hoch genug zu schätzender Vorteil. Nun ist Anwesen, in welchem ein größerer Wasserkonsum zu erwarten steht (Brauereien, Wirtschaften, Hotels, Bäckereien, Metzgereien) sind im ganzen 42 Stück Wassermesser eingebaut.

Die Gesamtkosten des Wasserversorgungswerks, der Mitte März heurigen Jahres in Betrieb genommen wurde und alle Erwartungen in ausgezeichneter Weise befriedigt, belaufen sich auf rund 348 000 ℳ. Hierzu erhält die Stadt einen Staatszuschuß von 15 000 ℳ. Die Betriebskosten, einschließlich Verzinsungs- und Rückzahlquoten werden sich auf ca. 21 bis 23 000 ℳ. belaufen.

Für die Benutzung der städtischen Wasserleitung wurde durch Beschluß der städtischen Kollegien vom 11. Mai 1905 ein Ortsstatut aufgestellt, das über die Anschluß- und Gebühren genaue Bestimmungen enthält. Das Wasser wird, wie schon erwähnt, ohne Wassermesser abgegeben und ist nur für die Hausbesitzer ein Jahreswasser Wasserzinstarif von 12—30 ℳ. festgesetzt. Anwesen mit größerem Wasserverbrauch, wie Brauereien, Mälzereien, Gerbereien, Wirtschaften, größere Ökonomiewirtschaften, Gärtnereien usw. erhalten das Wasser nach Messern, wobei der Kleinstwasserzins für 100 cbm Wasser 32 ℳ. beträgt. Bei größerem Wasserverbrauch wird Rabatt gewährt.

Die Notwendigkeit der künftigen Hebung des im Schacht bei der Reichsratsmühle sich ansammelnden Quellwassers lenkte die Aufmerksamkeit der maßgebenden Faktoren in erster Linie auf jene moderne Kraftübertragung, welche wie keine andere den in Betracht kommenden eine unbegrenzte Zukunft und Entwicklungsfähigkeit hat, nämlich die elektrische. Gleichzeitig lag aber der Gedanke sehr nahe, bei Schaffung einer solchen Kraftanlage für die Wasserversorgung der Stadt auch deren Beleuchtung ins Auge zu fassen. Denn gleich der Wasserversorgungsangelegenheit stand auch die Beleuchtungsfrage schon seit Jahren auf der Tagesordnung. Es sollte vor allem eine gute Straßenbeleuchtung geschaffen werden, dabei aber sollten die Bürger auch die Vorteile einer guten Beleuchtung in ihren Wohnungen genießen können. Sowohl für elektrische Zentralen, als auch für Kohlengas- und Azetylen Beleuchtung lagen Pläne und Kostenvoranschläge von zahlreichen erstklassigen Firmen vor. Die beiden städtischen Kollegien, an der Spitze Herr Bürgermeister Sterneder und Herr Kollegiumsvorstand Pegold wollten das Beste schaffen und konnten deshalb lange zu keiner Entscheidung kommen. Die Erlangung des Wasserwerks brachte nun eine sehr glückliche Lösung dieser Frage, nämlich für beide Werke eine gemeinsame Maschinenanlage zu verwenden, um die Anschaffungskosten und die schnelleren Betriebskosten zu ermäßigen. Natürlich ließ sich nach Lage der örtlichen Verhältnisse eine solche Vereinigung beider Werke nur mit elektrischer Kraftübertragung bewerkstelligen. Auf dieser Grundlage beruhte das von den Siemens-Schuckert-Werken G. m. b. H. ausgearbeitete Projekt, nach welchem die beiden städtischen Kollegien am 30. Dezember 1904 die Errichtung eines Elektrizitätswerkes beschlossen.

Nach diesem Beschlusse sollte hauptsächlich eine elektrische Straßenbeleuchtung geschaffen und nur die überschüssige Energie an Private abgegeben werden.

Die leichte Vermehrbarkeit der elektrischen Energie für das Gewerbe und die Landwirtschaft, die Möglichkeit, auch in Ställen und Scheunen eine gute Beleuchtung zu erhalten und hauptsächlich die bequeme Anwendung des Elektromotors als Antriebskraft für die zahlreiche Kleinindustrie war die Veranlassung zur Ausarbeitung weiterer Ergänzungsprojekte, auf deren Grund in der gemeinschaftlichen Sitzung der beiden städtischen Kollegien vom 18. Mai 1905 nach wiederholten ausführlichen Darlegungen des Herrn Ingenieurs Schaller, Vorstand des technischen Büreaus Nürnberg der Siemens-Schuckert-Werke, G. m. b. H., dieser Firma der Auftrag zur Errichtung einer elektrischen Licht- und Kraftanlage erteilt wurde. Die Kosten hierfür, später nach einigem Abänderungen anentworfenen Projektes, das durch die Herren Oberbaurat Ippenberen-München und Groses-Kassel gewollt worden war, belaufen sich auf rund 250 000 ℳ., einschließlich einiger nachträglicher Verbesserungen z. B. der Verlegung der Speiseleitung als Kabel, der Schaffung einer kleinen Reparaturwerkstätte nebst Lagerraum und der in das Fundament der Motore eingelegten Korkschicht. Die Fundamente wie sämtliche Bauarbeiten in und an der Schwanne wurden von der Baufirma Dauberschmidt unter Oberleitung des Herrn Stadtbaumeisters Moser ausgeführt.

Die Stromerzeugungsanlage ist im westlichen Teil des Schrannengebäudes untergebracht. Die Schranne eignet sich wegen ihrer Lage inmitten der Stadt außerordentlich gut zum Maschinenhaus. Allerdings ist der durch die Dieselmotoren infolge Verbrennung des Rohöls verursachte geringe Geruch für die Nachbarschaft vorderhand etwas unangenehm; doch wird dieser besonders bei weiter Belastung der Motoren nach und nach abnehmen. Im übrigen aber konnte der in der Schranne ohnehin verfügbare Raum aufs zweckmäßigste ausgenützt werden, wodurch ca. 30000 M Baukosten erspart wurden. Auch vom Vertreter des Bayer. Gewerbemuseums wurde dieses Gebäude als hervorragend zweckentsprechend anerkannt.

Als Stromsystem wurde für die Beleuchtung sowie für die Kraftabgabe an Private das Gleichstromsystem mit 2×110 Volt Betriebsspannung gewählt. Für den Antrieb des ca. 1600 m von der Schranne entfernt gelegenen Pumpwerkes konnte dieses System bei der großen Verlustke halber nicht verwendet werden; hierfür wurde das Drehstromsystem mit 3×2000 Volt Betriebsspannung gewählt. Um nun nicht zweierlei Maschinen zu haben, wurden Stromerzeuger aufgestellt, welche von derselben Antriebswelle auf der einen Seite Gleichstrom von 220—250 Volt und auf der andern Seite Drehstrom von ca 150 Volt abgeben können.

So gelangten 2 Dynamos von je 80 Kilowatt Leistung zur Aufstellung, welche mit zwei Dieselmotoren von je 100 PS. Normal- und 120 PS. Maximalleistung direkt gekuppelt sind. Die Motore, von deren der erste kurz vor Weihnachten 1905, der zweite anfangs März 1906 betriebsfertig aufgestellt wurde, wurden von der Vereinigten Maschinenfabrik Augsburg und Maschinenbaugesellschaft Nürnberg geliefert und kosten ohne Fundament mit allem Zubehör 73000 M.

Das Schwungrad jedes Motors wiegt allein 8800 kg und macht in der Minute 170 Umdrehungen, ebensoviel wie der Anker jeder Dynamomaschine. Zur Erhöhung der Maschinenspannung und zum Laden der Akkumulatoren dient ein Zusatzaggregat, welches gleichfalls im Hauptraum des Zentrale aufgestellt ist. Das weitere befinden sich in diesem Raume zwei Schalttafeln und Marmorplatten mit sehr hübschen Holzumrahmungen. Die Hauptschalttafel ist 6 m lang und 2 m hoch und besteht aus 6 Feldern, wovon am ersten die Apparate für die Drehstromseite und am andern 5 die Apparate für die Gleichstromseite angemontiert sind. Jede Dynamo hat ihre besonderen Zähler an der Hauptschalttafel. Der Raum hinter der Hauptschalttafel ist in 2 Teile geteilt. Hinter der Drehstromseite befindet sich in einem vollständig geschlossenen Raum der Hochspannungstransformator, der die Drehstromspannung von 150 Volt, wie sie die Maschinen erzeugen, auf 2000 Volt transformiert. Daneben ist bis 2 m lang und 1,60 m hohe Reglertafel angebracht, auf welcher die Sicherungen für die Speise- und Verteilungsleitungen, die Schalter für die Straßenbeleuchtung und die

Zähler zum Messen des abgegebenen Stromes anmontiert sind. Der ganze Raum ist hell und geräumig, hübsch getäfelt und kann mit mehreren Glühlampen beleuchtet werden. Im Nebenraume ist zur Unterstützung der Dynamos eine Akkumulatorenbatterie mit einer garantierten Kapazität von 648 Ampèrestunden bei dreistündiger Entladung mit 216 Ampère aufgestellt, welche aus 130 Zellen besteht und von der Akkumulatorenfabrik A.-G. Hagen um 15000 M geliefert wurde. Jede Zelle besteht aus einem mit Blei ausgefüllten neuen Holzkasten, in dem sich positive und negative Bleiplatten in verdünnter Schwefelsäure befinden. Die Akkumulatorenbatterie steht durch Kupferleitungen mit den beiden automatisch wirkenden Doppelzellenschaltern und der Hauptschalttafel in Verbindung. Die Doppelzellenschalter regulieren die Lichtspannung.

Durch das Vorhandensein der Akkumulatorenbatterie ist es möglich, während der Zeit des geringsten Konsums den Maschinenbetrieb einzustellen. Ferner besitzt der Wert der Batterie noch darin, daß sie es ermöglicht, die Betriebsmaschinen möglichst mit normaler Belastung laufen zu lassen, indem der Teil der Energie, welcher nicht für den Kraftkonsum gebraucht wird, zum Laden der Akkumulatorenbatterie verwendet wird.

An der südlichen Seite des Hauptraumes, mit ihm durch eine Türe verbunden, ist eine Reparaturwerkstätte mit den nötigen Werkzeugen eingerichtet.

Die Fernleitung von dem Schrannengebäude zum Pumpenhaus ist als unterirdisches, eisenbandarmiertes, asphaltiertes, dreifach verseiltes Bleikabel von 3×10 qmm Querschnitt verlegt. Durch diese Verlegung ist die Fernleitung bei auftretenden Bränden vor Feuersgefahr und Zufällen geschützt. Es ist jede erdenkliche Sicherheit geschaffen.

In der hier hübsch und zweckmäßig eingerichteten Pumpstation befinden sich 2 Drehstrommotoren von je 18 PS. bei 2000 Volt und 500 Touren, welche mittelst Riemen die beiden Pumpen in Tätigkeit zu setzen vermögen. Außerdem ist in der Pumpstation eine weitere Schalttafel aus Marmor mit Zähler, Amperemeter und Voltmeter und Schaltapparaten angebracht.

In der Regel ist nur ein Elektromotor zum Antrieb der Pumpen im Betrieb; nur in Ausnahmsfällen arbeiten beide Motore gemeinsam mit verringerter Tourenzahl. Zu diesem Zweck sind die Anlasser derart eingerichtet, daß die Tourenzahl der Maschinen um 30% verringert werden kann.

Das Druckleitungsrohr für Licht und Kraft besteht aus blanken Kupferdrähten, welche an eisernen Rohrständern auf Gebäuden und wo dies nicht angängig ist, an hölzernen Masten mittelst geeigneter Isolatoren befestigt werden. Hierzu dienen: 2 Eisenmasten, ca. 60 Holzmasten und ca. 250 Eisenrohrständer.

Die Ausführung erfolgte nach dem Dreileiter-System

mit geerdetem Mittelleiter mit 2×110 Volt Betriebsspannung.

Die Gesamtlänge der Freileitungen auf den Dächern und Anschlußleitungen zu den Häusern beträgt 49 650 m — soll 50 km — ungefähr die Bahnstrecke Nördlingen—Dombühl.

Zur Zuführung des Stromes in das Freileitungsnetz dienen 6 Speisepunkte, wovon einer in der Zentrale, vier in den Dachböden städtischer Gebäude und einer in dem Gütermast an der Wörnitzbrücke untergebracht ist. Diese Speisepunkte stehen mit als Kabel verlegten Speiseleitungen mit der Zentrale in Verbindung. Die Herstellung des Kabelgrabens erfolgte durch die Herren Schuster und Stümmle hier. Die Gesamtlänge der Kabel (in einem fortlaufenden Strange) beträgt 5500 m.

Um die Spannungsschwankungen im Lichte zu vermeiden, wird die Spannung an den Speisepunkten konstant gehalten, während die Spannung an den Sammelschienen der Erzeugungsstation, je nach dem Verlust in den Speiseleitungen, erhöht wird.

Bis jetzt sind 215 Unterzahler mit 240 Elektrizitätszählern angeschlossen. Die Zahl der Glühlampen verschiedener Kerzenstärken beträgt 2300, welche teils durch die Siemens-Schuckert-Werke unter Leitung des Herrn Ingenieur Kurz, teils durch die Firma Jos. Meyer dahier installiert wurden. An Nernstlampen kamen zur Verwendung 6 Stück à 32 Normalkerzen, ferner etwas über 1000 Tantallampen, 4 Bogenlampen à 4 Ampère, 8 Liliputlampen à 3 Ampère, 1 Bügeleisen à 3,7 Ampère, 27 Elektromotore mit 75,8 PS. und 7 Ventilatoren, darunter ein großer.

Die Straßenbeleuchtung umfaßt 22 Bogenlampen à 8 Ampère (300 Normalkerzen), dann 50 halbwächtige, 20 ganznächtige und 28 Ersatz-Nernstlampen, im ganzen 107 Nernstlampen à 30 Normalkerzen.

Die Straßenlampen werden vom Maschinenhaus ein- und ausgeschaltet. Zu diesem Zwecke führt zu den halbnächtigen, ganznächtigen und Ersatz-Glühlampen je eine Ausschaltedraht und eine gemeinsame Rückleitung. Die Bogenlampen haben ihre separaten Zuleitungen vom Maschinenhaus aus und können ebenfalls von dort aus- und eingeschaltet werden. Die Bogenlampen sind Gleichstrom-Differentiallampen mit einer Brenndauer von ca. 20 Stunden, die an Straßenüberspannungen angebracht sind und zum Einsetzen der Kohlenstifte mittels Aufzugswinde bequem heruntergelassen werden können.

Sämtliche Glühlampen erhielten wasserdichte Armaturen mit Überglocken und emaillierten Reflektoren, welche an eisernen Wandarmen oder Straßenüberspannungen befestigt wurden.

Der Anschluß der Glühlampen an die Freileitung erfolgte mittelst Gummiaderdrähten, welche teilweise in stahlarmierten Isolierrohren verlegt wurden. Das Leitungsnetz für die Straßenbeleuchtung wurde ebenso wie das Netz für die Privatbeleuchtung ausgeführt und meistens dieselben Dachständer und Maste für beide Netze verwendet.

Die gesamten Leitungen wurden in ausreichendem Maße durch Blitzableiter gegen Blitzgefahr geschützt.

Ueberhaupt ist sowohl bei der Gesamtanlage wie bei den einzelnen Details in erster Linie auf eine möglichst große Betriebssicherheit Rücksicht genommen worden. Zur Betriebshaltung des gesamten Werkes genügen 3 Mann, nämlich 1 Maschinenmeister und 1 Maschinist in der Zentrale, während den Antrieb der Pumpstation des Wasserwerks der Wasserwerkmaschinist bewerkstelligt.

Wie schon oben bemerkt, belaufen sich die sämtlichen Kosten des ganzen Werkes in Summa auf 250 000 $\mathcal{M}$. Die Gesamtbetriebskosten sind auf jährlich 25—26 000 $\mathcal{M}$. veranschlagt.

Ebenso wie bei Benützung der Wasserleitung, sind auch die Bedingungen für die Stromlieferung an Private, gleichfalls durch Ortsstatut vom 18. Mai 1905 tarifmäßig und betragen die Kosten für den Stromverbrauch pro Kilowattstunde zu Beleuchtungszwecken 55 $\mathcal{J}$ und zu Kraftzwecken 20 $\mathcal{J}$. Für größeren Stromkonsum kommen Rabatte bis zu 20 % in Anwendung.

Die Gesamtanlage des Elektrizitätswerkes beanspruchte zur völligen Fertigstellung eine Bauzeit von 9 Monaten und war unter der Oberleitung des Herrn Schaller und der umsichtigen Leitung des unermüdlich tätigen und äußerst zuvorkommenden Ingenieurs Herrn Stephani mit seinem Ober-Monteur Wohl Mitte März so schnell vollendet, so daß am 15. dieses Monats abends die Straßen Dinkelsbühls zum erstenmal im elektrischen Lichtglanze erstrahlten. Wenige Tage darauf waren die meisten Hausanschlüsse so weit fertig montiert, so daß auch viele Private die Wohltat der bequemen, ruhigen und schönen elektrischen Beleuchtung im eigenen Heim erfahren konnten.

Nach allen angestellten Proben ergibt sich die erfreuliche Tatsache, daß die Firma Siemens-Schuckert gleich der Firma Kullmann ihr Versprechen, ein allen modernen Anforderungen entsprechendes Werk zu liefern, vollständig eingehalten hat. Zu dem gleich günstigen Resultate gelangte auch der auf städtischen Antrag vom Bayerischen Gewerbemuseum entsendete Ingenieur Gebele, der die Gesamtanlage einer mehrtägigen, fachmännisch genauen Prüfung unterzog. Der genannte Beamte sprach sich in ganz hervorragend günstigem Sinne über das Elektrizitätswerk in der Stadt und in der Pumpstation aus und bezeichnete die ganze Anlage als musterhaft.

Die nunmehr fertiggestellten und in Betrieb gesetzten zwei Neueinrichtungen, welchen auch hier die jetzige Kollegiumsvorstand, Herr Oberlehrer Braun, stets seine wärmste Sympathie und Unterstützung zuwendete, bilden fortan eine sichere Grundlage für die Weiterentwicklung der Stadt im allgemeinen und insbesondere für mehrere, jetzt schon fertiggestellte, notwendige und nutzbringende hiesige Neuschaffungen.

Erst jetzt kann beispielsweise das neu errichtete, gut frequentierte städtische Schülerpensionat mit ähnlichen Instituten in anderen Städten erfolgreich konkurrieren, und nunmehr kann auch die von Herrn Stadtbaumeister Necker erst kürzlich neuerbaute städtische Desinfektionsanstalt, welche nicht bloß für die hiesige namhafte Pinselindustrie, sondern in sanitärer Beziehung überhaupt von großer Wichtigkeit ist, in Betrieb genommen werden.

Rücksichtsweise hat auch die Feuersicherheit in unserer Stadt durch die große Menge der Hydranten, welche gewaltige Wassermengen über die höchsten Häuser zu treiben vermögen, ganz erheblich zugenommen. Verschiedene Feuerlöschgeräte wie Zubringer ꝛc. sind entbehrlich geworden und unsere infolge der veränderten Verhältnisse neuorganisierte Feuerwehr sieht in Zukunft ihre Aufgabe bedeutend vereinfacht.

Und so machen sich die wohltätigen Wirkungen der neuen Wasserversorgung und der elektrischen Licht- und Kraftanlage jetzt schon fast auf allen Gebieten, in allen Kreisen und Geschäftsparten, in der Kanzlei wie in der Schule, im Laden wie in der Werkstatt, sogar in der Scheune und im Stalle fühlbar, denn hocherfreulicherweise sind die Anschlüsse an beide Neueinrichtungen in sehr zahlreichem Maße beätigt worden und werden noch weiter betätigt. Es zeigt dies von dem praktischen Sinne der Bevölkerung und beweist, daß die Einwohnerschaft Dinkelsbühls insgesamt keineswegs gesonnen ist, sich von anderen Gemeinwesen, selbst wenn sie bedeutend größer sind, überflügeln zu lassen, und daß sie sich ganz wohl in der Lage fühlt, den wirtschaftlichen Kampf im fortschrittlichen Sinne aufzunehmen und erfolgreich weiter zu führen. Infolgedessen eröffnen sich für die Zukunft der Stadt die günstigsten Aussichten, insbesondere wenn sie fortfährt, die Errungenschaften der modernen Zeit auch weiterhin zu beachten und einzuführen, ohne aber die malerischen und architektonischen Reize ihrer altertümlichen Eigenart verschwinden zu lassen, welche, wenn sie nur in immer weiteren Kreisen bekannt werden, gewiß ein nicht zu unterschätzendes zugkräftiges Kapital repräsentieren.

* * *

In wenigen Wochen werden 100 Jahre verflossen sein, seit die Stadt Dinkelsbühl endgültig dem damals noch jungen Königreiche Bayern einverleibt wurde. Zahlreiche Städte, die gleich der unserigen auf eine hundertjährige Zugehörigkeit zu Bayern zurückblicken, feiern dieses Ereignis mit glanz- und prunkvollen Festen nicht selten mit Grundsteinlegungen oder Enthüllung von Denkmälern aus Erz und Stein.

Unsere Stadt begeht wohl die schönste, kostbarste und eindrucksvollste Jahrhundertgedenkfeier dadurch, daß sie Hunderttausende aufgewendet hat, um zwei der gewaltigsten Naturkräfte, Licht und Wasser, vermittelst der geschilderten Neueinrichtungen in den Dienst ihrer Gemeinwesen zu stellen; fürwahr ein würdiger und großartiger Abschluß an die Segen und Wohltaten jeder Art reichen hundertjährigen Regierung unseres Herrscherhauses über die Stadt Dinkelsbühl.

Möge es von der glücklichsten Vorbedeutung sein, daß die Stadt gerade mit dem Beginne eines neuen Säkulums unter Bayerns Herrschaft zwei so monumentale Werke zu schaffen imstande war, und möge Dinkelsbühl auch im kommenden Jahrhundert unter dem glorreichen Hause Wittelsbach, behütet von einer einsichtigen und tatkräftigen Stadtverwaltung, umgeben und beschützt von den Segnungen des äußeren und inneren Friedens immer mehr zu einer wohlhabenden und blühenden Stadt mit einer glücklichen und zufriedenen Einwohnerschaft wachsen und gedeihen.

Das walte Gott!

Namens des Verkehrs- und Preßausschuffes der Stadt Dinkelsbühl

bearbeitet von J. Greiner, Schriftführer.

Abbildungsverzeichnis

Bild 9: Wasserwerk an der Reichertsmühle um 1906,
Fränkische Landeszeitung,
Dinkelsbühl, Nr. 286, 8.12.1984

Bild 10: Rücktrittsgesuch Ludwig Sterneckers,
Stadtarchiv
Dinkelsbühl, Akten des Magistrats, Signatur
X/3/31

Bilder 11 – 18: Beschwerdebrief des Kollegiums der
Gemeindebevollmächtigten an den
Magistrat

Bilder 19 – 23: Brief der Regierung von Mittelfranken
an das
Kollegium der
Gemeindebevollmächtigten

Bilder 24 - 30: Festschrift Josef Greiner 1906:

Quellennachweis

archivalische Quellen:

Stadtarchiv Dinkelsbühl:

Akten des Magistrats:

Signaturen: X/3/5

           X/3/30,31,32

           XII/4a/143

           X/5a/69

           X/6/18-29

Historisches Museum Dinkelsbühl:

Akten des Historischen Vereins Band 1

gedruckte Quellen

Verwaltungsberichte des Stadtmagistrats, 3 Bde., Dinkelsbühl 1870 – 1911/12

Amts- und Anzeigeblatt für die Stadt Dinkelsbühl und das kgl. Bezirksamt Dinkelsbühl

(Autoren Unbekannt)

Nr.91 vom 15.11.1893
Nr.92 vom 18.11.1893
Nr.100 vom 16.12.1893
Nr.43 vom 30.5.1894
Nr.54 vom 7.7.1894

Nr.55 vom 8.7.1894
Nr.11 vom 26.1.1885
Nr.43 vom 11.4.1885

Literatur

Arnold, Gerfrid: Max Neesers Baugeschichte Dinkelsbühl II, in: Alt-Dinkelsbühl, Beilage zur Fränkischen Landeszeitung 1999, Heft 3.

Gabler, August: Behörden u. gemeinnützige Einrichtungen zu Anfang des 20. Jahrhunderts, in: Alt-Dinkelsbühl, Beilage zur Fränkischen Landeszeitung 1987, Heft 1-3.

Gabler, August: Dinkelsbühl und seine Gärten, in: Alt-Dinkelsbühl, Beilage zur Fränkischen Landeszeitung 1988, Heft 4-7.

Gabler, August: Dinkelsbühler Straßenleben um die Jahrhundertwende, in: Alt-Dinkelsbühl, Beilage zur Fränkischen Landeszeitung 1981, Heft 2-3.

Gabler, August: Wie Dinkelsbühl über seine Mauern wuchs, in: Alt-Dinkelsbühl, Beilage zur Fränkischen Landeszeitung 1979, Heft 3-4 und 1980 Heft 1-3.

Greiner, Josef: Die Wasserversorgung und das Elektrizitätswerk der Stadt Dinkelsbühl, Zur Erinnerung an die feierliche Eröffnung und Übergabe an die Stadt, Dinkelsbühl 1906.

Maier, Hermann: Dinkelsbühl im Jahre 1892, in: Alt-Dinkelsbühl, Beilage zur Fränkischen Landeszeitung 2000, Heft 5.

Neeser, E.: Max Neeser ; Stadtbaumeister von 1888-1913, in: Alt-Dinkelsbühl, Beilage zur Fränkischen Landeszeitung 1987, Heft 3-4.

Nesser, E.: Ludwig Neeser – zum 100.Geburtstag, in: Alt-Dinkelsbühl, Beilage zur Fränkischen Landeszeitung 1991 Heft 5/ 1991.

Schnurrer, L.: „ Zur Geschichte der höheren Schulen in Dinkelsbühl im 19. Jahrhundert", Beilage zum Jahresbericht der Oberrealschule mit Gymnasium Dinkelsbühl für das Schuljahr 1963/64.

Spindler, Max: Bayrische Geschichte im 19. und 20. Jahrhundert, Sonderausgabe: Handbuch der Bayrischen Geschichte Band 1, München 1974 , Band 2 und 4.

Zeitungen:

Fränkische Landeszeitung:

G., Dinkelsbühl au fin du siecle, Dinkelsbühl, Nr.185 vom 11.8. 1972

Hm, 9478 Besucher im Heimatmuseum, Dinkelsbühl, Nr.2 vom 3.1.1973

Sc, Gründungsaufruf 1893: „Dinge aus der Zeit der Urväter vor Verschleppung bewahren, Dinkelsbühl, Nr.68 vom 23.3.1983

Hm, Denkmalpflege vor dem ersten Weltkrieg, Dinkelsbühl,Nr.286 vom 8.12.1984

Ga/pit, Dinkelsbühl, „Brunnenwasser wurde als ungenügend und gesundheitsschädlicheingestuft, DinkelsbühlNr. 202 vom 3.9.1986

Internetseiten:

http://home.arcor.de/fredrik.matthaei/HVV/kaufkraft.htm

http://www.historisches-lexikon-

bayerns.de/artikel/artikel_44685

Brauchtumspflege
Dinkelsbühl e.V.

Anmerkungen

[1] Stadtarchiv Dinkelsbühl, Personenkartei, Herrman Meyer, S wie Sternecker.

[2] Hans-Peter Mattausch.

[3] Stadtarchiv Dinkelsbühl, Akten des Magistrat Signatur, X/3/30.

[4] Stadtarchiv Dinkelsbühl, Akten des Magistrat Signatur , X/3/30.

[5] Stadtarchiv Dinkelsbühl, in „Alt Dinkelsbühl", Beilage zur Fränkischen Landeszeitung, A. Gabler, Wie Dinkelsbühl über seine Mauern wuchs, Alt-Dinkelsbühl 1979, Nr. 3, S.24 oben.

[6] Stadtarchiv Dinkelsbühl, in „Alt Dinkelsbühl", Beilage zur Fränkischen Landeszeitung, A. Gabler, Dinkelsbühl und seine Gärten, Kapitel V, S.37 und 38.

[7] Stadtarchiv Dinkelsbühl, Bibliothek, Signatur A1/Db 11, L. Schnurrer, Zur Geschichte der höheren Schulen in Dinkelsbühl im 19. Jahrhundert, Beilage zum Jahresbericht der Oberrealschule mit Gymnasium Dinkelsbühl für das Schuljahr 1963/64, S.4.

[8] vgl. e.b.d.a.

[9] Stadtarchiv Dinkelsbühl, Akten des Magistrats Signatur, XII/6/28.

[10] e.d.b.a.

[11] Amts und Anzeigeblatt für die Stadt und das kgl. Bezirksamt Dinkelsbühl ,n.n., Nr. 91, Dinkelsbühl 15.11.1893.

[12] Zur allgemeinen Entwicklung der Historischen Vereine vgl.: Max Spindler: Bayrische Geschichte im 19. und 20. Jahrhundert, Sonderausgabe: Handbuch der Bayrischen Geschichte Band 1, München 1974 ,

e.d.b.a. Band 2 und 4, Heimpel H, Über Organisationsformen historischer Forschung (HZ) 189, 1959.

[13] Amts und Anzeigeblatt für die Stadt und das kgl. Bezirksamt Dinkelsbühl ‚n.n., Rubrik Eingesandt, Nr.100, Dinkelsbühl 16.12.1893.

[14] e.d.b.a., n.n., Nr.54, Dinkelsbühl 7.7.1894.

[15] Akten des Historischen Vereins, Band 1.

[16] Akten des Historischen Vereins, e.b.d.a.

[17] Akten des Historischen Vereins, e.b.d.a.

[18] Greiner, Josef: Die Wasserversorgung und das Elektrizitätswerk der Stadt Dinkelsbühl, Zur Erinnerung an die feierliche Eröffnung und Übergabe an die Stadt, Dinkelsbühl 1906, S.4.

[19] e.d.b.a., S. 6.

[20] e.d.b.a., S. 7,8.

[21] vgl. http://home.arcor.de/fredrik.matthaei/HVV/kaufkraft.htm, Faktoren von 1864-1913 zusammengerechnet und durch 3 dividiert und das Ergebnis mit der Summe der Bauvorhaben multipliziert.

[22] Stadtarchiv Dinkelsbühl, Bibliothek,A1/13c, Verwaltungsakten 1911/12 vgl. auch Fußnote 20.

[23] Stadtarchiv Dinkelsbühl, Personenkartei, Herrman Meyer, S wie Sternecker.

[24] Stadtarchiv Dinkelsbühl, Akten des Magistrats, Signatur X/3/31.

[25] Stadtarchiv Dinkelsbühl, Akten des Magistrats, e.d.b.a.

[26] Stadtarchiv Dinkelsbühl, Akten des Magistrats, e.d.b.a.

[27] Stadtarchiv Dinkelsbühl, Akten des Magistrats, e.d.b.a.

[28] Stadtarchiv Dinkelsbühl, Akten des Magistrats, e.d.b.a.

[29] Stadtarchiv Dinkelsbühl, Akten des Magistrats, e.d.b.a.

[30] Stadtarchiv Dinkelsbühl, Akten des Magistrats, e.d.b.a.

[31] Stadtarchiv Dinkelsbühl, Akten des Magistrats, e.d.b.a.

[32] Stadtarchiv Dinkelsbühl, Akten des Magistrats, e.d.b.a.

[33] Stadtarchiv Dinkelsbühl, Akten des Magistrats, e.d.b.a., vgl. ebenfalls 21-30 mit Anlage 1

[34] Stadtarchiv Dinkelsbühl, Akten des Magistrats, Signatur X/3/31.

[35] Stadtarchiv Dinkelsbühl, Akten des Magistrats, e.d.b.a.

[36] Stadtarchiv Dinkelsbühl, Akten des Magistrats, e.d.b.a., vgl. 31-33 mit Anlage 2.